JN408790

창공에 그리다

창공에 그리다

한조자 수필집

해암

| 책을 내면서 |

아무것도 아니면서 창공을 보며 마음을 풀어냈습니다.

부끄럽습니다. 잘된 글이어야 할텐데 그래도 나로서는 힘을 다해 만들었습니다.

내가 나를 온전하게 가다듬는 것처럼 다듬었지만 미약합니다. 디지털 세상 속의 사람들은 하루에 열두 번을 돌아치며 글을 쓰는데, 나는 하루에 한 번 꿈틀거리며 씁니다. 한 번을 도나 열두 번을 도나 살아있기에 나오는 글입니다.

많은 시간이 걸릴지라도 이 작품이 외로운 이의 가슴에 닿는 곳이 있다면 그들에게 감사하겠습니다. 너무 늦었습니다.

2017년 봄

장산기슭에서 한조자

| 차례 |

1 공작의 날개처럼

13 작은 손, 부끄러운 손
17 역
20 종착역
24 시간의 흐름 속에서
30 가슴속
33 공작의 날개처럼
38 삭임질

2 어김없이 오는 봄 어떻게 맞을까

45 가로등
50 관상
54 늦가을 인생
57 그 해 겨울
64 꿀 종지 하나
70 명품 안경
74 어김없이 오는 봄 어떻게 맞을까

3 혼자의 그림자

79 길고 긴 사랑
84 내 앞으로 굴러오다
88 너무 더딘 마음
94 사랑
101 순명의 그리움
107 혼자의 그림자

4 누가 있을까

117 꿈
120 내리막 오르막
126 누가 있을까
132 둘의 그림자
137 뒤에서 부는 바람
142 힘

5 아버지의 선택

147 경주의 잔치
153 그 자리
159 다홍치마
163 도깨비 국
168 아버지의 선택
174 흐르는 종점은

180 작품 평설

1
공작의 날개처럼

작은 손, 부끄러운 손

역

종착역

시간의 흐름 속에서

가슴속

공작의 날개처럼

삭임질

작은 손, 부끄러운 손

물체를 정확히 볼 수 없는 노년에 이르러서야 세상일을 조금 알 듯 말 듯 했다. 어리석었음을 인정하지 않을 수 없다. 소용이 없는 후회지만 자성이 된다.

박물관에 갔다. 네덜란드의 화가 요하네스 베르메르의 '진주 귀고리를 한 소녀' 그림 앞에 발길이 머물렀다. 곡선 형태의 진주 귀고리 표면에 소녀가 입은 옷의 동정과 디자인이 비쳐 보인다. 왼쪽으로 소녀의 모습이 비치는 창문과 방의 모습도 서로서로 어렴풋이 비쳐 보인다. 이런 그림의 방식기법이 현실의 모습을 평면으로 나타내면서 그 너머의 공간 모습을 그려내고 있다. 세월을 많이 보낸 퇴적물에서 생긴 '힘'을 바로 보고, 바로 느끼고, 바로 듣게 되는 경우라고나 할까.

불교에서는 이 세상의 모든 것이 '인드라'의 그물망으로 엮여있다고 했다. 그 그물 매듭에는 진주가 꿰여 있어 서로의 진주들 표면에는 다른 진주의 모습이 반영된다고 한다. 그 반영된 모습이 또 반영되고 끝없이 이어진다고 했다. 눈에 파리가 날아다니는 현상의 비문이 내 눈에 어른거리는 때가 되어서야 나 자신을 되돌아보게 되었다. 나는 얽혀진 그 그물 매듭에 어떤 영상을 남겼을까.

이웃 결혼식에 아들 손을 꼭 잡고 갔다. 아들은 좋아서 깡충깡충 뛰었다. 할머니께 맡기고 직장을 다닌 터라, 모처럼 엄마와 함께 하는 나들이어서 그랬나보다. 내 손과 아들 손이 강력 본드 같은 힘으로 붙었을 것이다. 아니, 그 두 손은 하늘이 맺어준 영원한 인연의 정, 전생에 채권자가 자식이고 채무자가 부모라고 하듯 갚아야만 하는 관계이니 삶의 행복이 두 손 가득히 들었을 것이다. 축축히 땀에 젖었어도 기분이 좋았다.

예식이 끝났다. 그때까지도 두 손은 꼭 쥔 상태였다. 1970년대에는 식권이 없고 예물로 대신했다. 예물을 세 계단 올라가서 받게 되었는데 부피가 커서 두 손으로 받아야만 했다. 미처 아들에게 말을 하지 못하고 예물 받는 것이 좋아 아들의 손을 놓아버렸다. 아들이 중심을 잃고 계단 아래로 굴렀다. 다행히 다친 데는 없었지만, 내 마음속에서 '너는 예물 받는 것을 어째서 아들보다 좋아하냐.' 란 날카로운 칼 끝소리가 들렸다. 아들에게 미안하다는 말도 못했다. 다시 손을 잡으며 자탄의 숨을 길게 들이마셨다. 아들보다 예물을 더 좋아하는 나의 모습이 인드라의 그물망에 낀 진주 속에 각인되었을 것이다.

그 이후로 살아오면서 돈을 좇다 보물 같은 자식들을 뒷전으로 내미는 일도 자주 했다. 집을 마련하겠다는 큰 목표를 정하고 가족이 다 같이 협조하기를 바라며 아이들의 돈 쓰는 욕구를 많이도 묵살했다. 자녀들에게 '엄마 마음을 이해해 주겠지.' 하는 안일한 생각으로 내 마음의 문을 닫는 양심의 모습을 그 진주 속에 그려 넣게 되었다.

아이들이 초등학교 다닐 때, 점심을 먹고 밥상을 치우고 나니 힘이 쭉 빠져 드러누웠다. 잠시 쉬려고 할 때 친정아버지가 등산을 갔다가 우리 집에 오셨다. 나는 짜증이 났다. 아버지는 "찬밥에 김치찌개면 된다."고 하셨다.

"오시려면 일찍 오시든지…." 이마에 내천 자를 그리며 쫑알거렸던 모습이 아들 마음에 그려져 있었나 보다.

어느 해, 어버이날 카네이션을 사오지 않아 부모 공을 모른다고 아들에게 꾸중할 때 아들의 반박이 나왔다. "엄마는 할아버지 오셨을 때 귀찮다고 쫑알거린 것은 부모 공을 아는 것이냐."는 것이다. '아차' 하고 놀란 것도 진주 표면에 상을 남겼을 것이다. 물론 쫑알대며 인상 쓴 모습도.

그물망에 비친 진주 속에는 비겁한 엄마의 상이 여전히 남아 있을 것이다. 노년에 들어 아들의 작았던 손이 커져서 수시로 식사대접을 받을 때, 그 옛날에 말없이 놓았던 손을 바라보며 혼자 못난 웃음을 짓곤 한다. 한편 부끄럽기도 하고.

역

부모님 양쪽 가슴에 한 줄기 바람 탓으로 내가 생겼으니, 나의 출발역은 어머니 자궁 속이다. 겉으론 볼 수 없다. 다른 사람들도 다 그럴 거다. 출발역이 있으면 종착역도 있기 마련인데 믿기지 않았다. 신나게 살 줄만 알았는데 나의 은색 머리가 종착역에 가까이 왔다고 반짝거리며 알린다.

나는 52년 전 영화 '벤허'를 보자고 동료同僚와 약속을 했다. 12시 인천역에서 만나자고. 서둘러서 이 옷 저 옷 갈아입고 설레는 마음으로 역에 도착하니 10분 전이다. 약속 시간이 다 되어도 보이지 않는다. '그냥 막살할까' 하다 '아량을 베풀자' 며 20분을 더 기다렸다. 그래도 오지 않아 혼자 서울에 가려고 달려 온 기차 발판에 올라섰다. 그러다 내렸다. 이왕 내친김에 시간을 더 베풀자는 마음으로. '빠앙' 소리 내며 타려 했던 기차가 멀어지니 서운했다. '데이트를 해, 말아.' 중얼대며 하늘을 보다 뒤돌아보니, 키 큰 동료가 활짝 웃고 서 있다. 그 웃음이 조바심 냈던 내 마음을 부끄럽게 했다. 늦은 이유를 묻는 것도 잊고 홈에 들어오는 기차 발판에 동료와 손을 잡고 올라탔다. 내 인생의 두 번째 역이 된 셈이다. 베푸는 마음이 두 번째 역을 만든 거다.

지금까지 기차에서 내리거나 갈아타지 않고 50여 년을 달리는 중 정년퇴임으로 동려同侶는 삼식이가 되었다. 편식에다 묵은 반찬 타박은 밥상을 차리는데 신경을 곤두서게 했다. 귀찮아지는 노인 삶에 달콤함의 꼬리는 보일락 말락, 가자미눈만이 왔다 갔다 할 뿐이다.

어느 날, 백년손님 가족이 와서 즐겁게 지냈다. 딸이 간 다음 날 밥상에서 투정이 나왔다. 즐거움이 갖다 준 피곤함과 오래 쌓인 투정과 삭신이 쑤시는 고통이 범벅되어 나는 드디어 폭발하고 말았다. "이제부터는 밥 차려주지 않을 거야." 동려는 "내가 해 먹을 거야."로 맞부딪쳤다. 하루 이틀 지나도 "밥 줘."하는 소리가 들리지 않아 불안했다.

한참 지나자, 동려의 말인즉 끙끙대며 음식 준비하는 모습이 안쓰러웠고 50여 년 전 두 번째 역에서 30여 분 기다려 준 아량을 노년에 와서 조금 갚는 것이라 했다. 쉬지 않고 가는 우리 기차에 따로 혼자씩 앉게 된 셈이다. 자기 것은 자기가 해결하자는 것이다. 세간에 나홀로족이 늘고 있다는데, 나도 그에 가까운 것인가 했다. 더 가다 한쪽이 아프면 '곁에 붙어 있게 되겠지.' 했다.

가까워지는 종착역이 안개와 미세먼지에 가려 희미하게 보인다. 소리 없이 가는 것도 좋지만, 현란한 노년으로 가고 싶은 마음이 왜 생기는지 알아보고 생각의 틀을 바꾸고 싶다. 오늘도 현란한 노년이 되기 위해 꼼지락거린다.

종착역

슈퍼문이 68년 만에 나타났다고 했다. 달도 크니 덩달아 해님도 크게 보였다. 날이 맑아 붉은색 노을이 진하다. 40여 분 해넘이를 보고 있다. 새털구름들이 하늘 가득히 쫘아악 펴져 있다. 진하고 연한 붉은색, 회색도 연하다 점점 진하고, 흰색, 짙은 보라색이 차차 엷은 색으로 가고, 연한 연두색도 있어 하늘빛과 어울려 장관을 이루었다. 설핏 내가 하늘에 떠 있는 기분이다. 노년의 내 현란함이 '이런 경우인가.' 했다.

해넘이가 산 저쪽으로 사라지자 사방에서 이내가 슬금슬금 덮쳐 온다. 머릿속을 쉬지 않고 굴리지만, 육신의 늙음이 살금살금 감각을 무디게 한다. 글이라는 것이 예민한 머리 안테나로 세상을 탐지

하고 사람을 읽어 내리고 책을 읽어 타인에 대한 이해의 폭을 넓혀야 술술 나올 것 같은데, 잘 안 되니 늙음과 이내가 무섭다. 그래도 부지런히 꼼작거려 마음속의 것을 진솔히 표현해 나와 같은 입장에 있는 여인들, 나보다 더 못한 환경의 독자들, 나보다 상위의 여인들이 읽고 통감한다면 '현란한 기분이 될까.' 하는 망상을 한다.

외출했다 돌아오니, 빨래가 때를 벗고 빨랫대에 널려있다. 내 옷은 없고 반려伴侶의 것만 있다. 집안일을 나누어 하자 했지만 '세탁기 돌린 김에 내 것도 돌리지.' 하는 불평이 목까지 차 왔다. '아무리 내 것니것 했지만 50여 년 넘게 살아온 정이 이거냐' 며 너무 옹졸하고 치사스럽고 실망스러워 타고 오던 기차에서 뛰어내리려고 했다. 앞문으로 달려가 차장을 찾았다. 기차가 정지해야 내리니까. 차장 모습이 보이지 않아 혼자라도 내리려고 밖을 내다보니 철로 양쪽이 다 낭떠러지다. 내리면 죽는다. 할 수 없이 돌아와 내 자리에 앉았다.

과거에 미웠던 짓이 줄줄이 꿰어 나온다. 생일선물은 고사하고 생일 날짜도 모르는 위인, 아이 셋 임신에 먹고 싶은 거 무어냐고 물어보지도 않았던 맹한 남자, 구두쇠, 쫌생이, 맛있는 것만 찾는 얌체 등등을 읊다가 세 번째 역에서 내려 기차를 바꿔 타려는 공상을 하다 잠이 들었다.

다음날, 문화센터에서 거제도로 탐방을 간다고 했다. 설레는 기분은 아니나 일상에서 벗어나니, 구질구질한 생각에 잠기지 않아 좋았다. 대나무 숲길을 거닐 때 들숨 날숨을 깊이 쉬었더니, 대향이 몸에 배는 듯했다. 6 · 25 전쟁의 피 맺힌 모습을 포로수용소에서 되새겼다. 지난일이지만 배고픔의 설움을 알았었던 추억이다.

바람의 언덕을 간다고 했다. '바람' 하니 문득 '안동역 앞에서' 의 트로트 가사가 생각났다. '바람에 날려버린 허무한 맹세였나' 에서 마음속 미움을 이 언덕에서 날려 보내겠다고 생각하니 발걸음에 속도가 붙는다. 그런데 올라가는 언덕이 아닌 내려가는 언덕이었다. 바람에 날린 것이 다시 몸에 붙을까 염려되어 내려가는 언덕이 좋았다. 바람이 너무 세차 몸을 가누기 힘들었다. 언덕 끝에 다 내려가서 두 발에 힘을 주고 섰다. 내 몸에 와 닿는 바람에게 내 미움을 가져가라고 가슴을 폈다 오므리기, 배를 등쪽으로 디밀었다 내밀기를 스무여 나 번하고 작은 소리로 '가져가라 내 속의 미움을.' 그리고 하늘을 보았다. 가상세계의 몰입인지 몰라도 마음이 가벼워져 집에 왔다.

현관문을 열었다. 내 인생 두 번째 역에서 보았던 그 웃음이다. 순간 가자미눈은 사라지고, 벙긋이 입 벌린 내 모습만 현관 거울에 비쳤다.

그 입에서 느닷없이 신음소리가 나와 아찔했다. 노인들이 쓰러지면서 내는 소리로 들렸는지 반려도 놀라면서 '어허' 하며 내 손을 꼭 잡는다. 오 년 전만해도 장시간 컴퓨터에 앉아 있으면 일그러진 얼굴에서 그릇 깨지는 소리를 습관적으로 냈는데 조금씩 변하더니 오늘은 "이제 와." 하는 그 소리가 비단결로 들렸다. 활짝 펴진 얼굴에서 나오는 소리로 들렸다. 달콤함이 배인 속삭임으로 들려 귀가 간지러웠다. 헤벌쭉 벌어진 입에서 나오는 아량과 반려의 건강웃음을 싣고, 네 번째 역으로 가는 중이다. 여행까지 하면서 간다면 현란한 노년이 되지 않을까.

시간의 흐름 속에서

지구가 제자리를 돌면서 낮과 밤을 번갈아 가져온다. 그렇게 낮밤을 만들면서 춘하추동도 만든다. 어두운 밤은 사람에게 공포를 주고 환한 낮은 눈을 가지런히 뜨게 하며 마음도 열어 웃게 한다.

지구가 도는 속도는 예전이나 지금이나 같을 텐데, 사람들은 '요즘엔 세월이 너무 빠르다.' 고들 한다. 나도 그 말에 신경이 쓰이는 것은 흐르는 세월 하루하루가 소중하기 때문이다.

추위가 한창인 깊은 겨울에, 시간을 맞추느라 어두운 새벽에 집을 나서야 했다. 여행 날짜가 추운 때 맞춰져 짝꿍은 세 번씩이나 춥다는 소리를 했다. 마침내 '되게 춥다는데' 하는 소리를 들었을 땐 나의 건강 상태를 걱정하는 염불로 들렸다.

아침 다섯시 쯤에 어슴푸레한 잠속에서 레일을 달리는 기차의 흔들림을 느끼는 듯했다. 짝꿍이 전등을 켜 주는 바람에 일어나 보니 시간이 여섯시로 흘러든 때였다. 서둘러 준비하고 문 밖으로 나섰다. 차가움과 어둠이 와락 덤벼들어 무섬증이 생겼다. 몸이 움찔했지만 흐릿한 가로등이 어둠을 반쯤 몰아내 무서움이 가셨다. 가로등이 없는 시골길의 먹통을 생각해 도시에 살고 있음을 다행이라 여기며 버스정류장에 도착했다.

흐릿한 어둠 속에서 두 눈을 부릅뜨고 달려오는 버스를 탔다가 전철로 바꿔 타고 용산역 광장에 도착했다. 정해진 시간을 향해 회원들이 몇 분 간격으로 모여 들었고 새마을호 의자에 몸을 내려놓았다. 열차는 전주를 향해 달렸다. 어느새 어둠은 가버리고 환해졌다. 밤과 낮의 끝없는 반복의 여정 속에 나도 끼어 달려가고 있다.

일행들은 서로 조잘조잘 대다가 전주에서 내렸다. 역 앞에서 사방을 둘러봤다. 두 번째의 방문도 첫 번째와 같이 전주는 음전한 여인 같다는 인상을 받았다. 음전한 여인이 차려주는 비빔밥으로 요기하고 모임 장소로 이동해 짐을 풀었다. 나는 이 모임이 두 번째라 낯설지 않았다. 주책없이 묵은 정이 살아나 초면인 사람에게도 웃음으로 대했다. 여러 곳에서 모여든 사람들, 남녀의 성을 가려 낼 무엇도 없는 오직 수필만을 가슴속에 담고 있는 사람들이라는 점에서 푸근한 정이 솟는 것 같다.

일행들이 연출하는 많은 장면과 움직임의 흐름을 보고 있으니 정해진 시간이 됐다. 개식사로 시작해 재정보고, 신곡 문학상, 신인상 받는 일행의 감격해하는 표정을 흐뭇하게 바라보다가 어느새 사람들이 좋아하는 만찬 때가 됐다. 사람들은 뷔페식 음식을 접시에 담으려고 긴 줄을 서서 기다리고 있다. 나는 우리 일행들이 떠난 식탁에 앉아 차려진 음식 맞은편에 눈이 갔다. 그 코너에 죽솥과 만두찜통이 보였다. 행동이 빠른 교수님은 음식접시를 가져와 내 옆에서 맛있게 들고 있다. 이때다 싶어 그곳으로 가 만두와 죽 그리고 수정과 두 컵을 들고 와 교수님께 한 잔을 드리고 먹기 시작했다. 계사癸巳년의 뱀 같은 기다림의 긴 줄이 꼬리만 남았을 때 나도 일어나

접시에 적은 양의 음식을 들고 와 먹었다. 사람들은 음식을 다 먹고 마음속 말들을 쏟아냈다. 여러 이야기를 듣다가 피곤해 방 키를 들고 미로 같은 복도를 헤매다 방으로 찾아들었다.

떠나올 때 어둠이 밝음으로 이어지다 다시 어둠을 찾은 저녁이 돼서야 일행들은 아침에 두고 온 둥지의 안녕을 전화로 물었다. 발을 뻗고 쉬고 있는데 인솔자가 불러서 밖으로 나왔다. 행적이 사라진 교수님을 만나서 여담을 들으려고 하는 것이다. 네온 불빛 따라 밤길에 갔던 길을 다시 오고, 왔던 길을 다시 가며 길에 발바닥으로 수를 놓고 있을 때 교수님을 만났다. 일행들의 얼굴엔 웃음기가 담뿍 든 채다.

인솔자를 따라 '방가방가 퓨전집' 에 들어갔다. 시멘트 블록 담벼락에 유난히 입술만 확대해 그려 놓은 벽화가 생뚱맞기도 했지만 술을 마시면서 대화를 많이 하라는 것 같았다. 이 얘기 서 얘기 끝에 "한 잔의 술은 하루가 행복하고 문학은 일생이 행복하다."는 말에 수긍이 갔다. 막걸리잔과 골뱅이무침이 나오고 검지 장지 무명지의 판토마임에서 폭소가 터지자 그것을 정점으로 시간의 흐름을 깨달아 숙소로 향했다. 내일의 일정을 머리에 입력시키고 누워 시간의 흐름에게 이별을 고했다. 시간은 자유롭게 흘렀다.

다음날 동료의 부스대는 소리에 일어났다. 떠날 준비와 식사가 끝난 후 자유롭게 놀다가 인솔자의 연락을 받고 2호차 버스를 탔다. 버스는 고창의 고인돌 유적지를 향해 기분 좋게 달렸다. 졸다가 저절로 눈을 뜨니 하얀 눈이 하늘을 꽉 메우며 내렸다. 거리에는 3센티미터 정도의 눈이 쌓였다. 가끔 지나가는 승용차만 보일 뿐 오가는 행인은 아무도 없다. 버스는 고인돌 유적지 앞에 우리를 내려놓았다.

유적지를 바라보니 넓은 설원이 아늑하게 펼쳐져 있다. 눈은 가볍게 나부끼다가 선회하며 내린다. 눈에 홀려서 일행은 환호歡呼를 지르며 감성에 사로잡혔다. 나도 타인이 밟지 않은 숫눈을 조심스레 밟고 그 자리에 섰다. 설雪의 편린이 얼굴에 닿아도 온화해지는 마음은 어인 일인지. 얄미웠던 친구가 곁에 있어도 웃으며 대할 것 같은 이 마음, 사방엔 순백의 정적만이 꽉 차있다. 고인돌 언덕 양쪽에 있는 두솔산도 얌전하게 모두 눈에 파묻혔다.

순백의 세상이다. 깨끗함의 공포랄까, 깨끗함을 밟기에 발이 떨린다. 순수의 그리움이 은은하게 퍼진다. 섰던 자리에서 하늘을 올려다본다. 하늘은 내 손에 잡힐 듯 얕았다. 고무풍선 속에 나의 야망을 잔뜩 담아 젊음의 기氣로 높이 올렸던 교만이 뚝 떨어졌다. 흩어진 풍선의 잔해 같은 나를 찾으려 손을 높이 들고 휘저었다. 저어보아도 허탕이다. 삶에서 내키지 않은 선의善意의 거짓과 미로의 어둠에서 헤매던 순간의 시간들이 부끄러워져 손을 내렸다.

머릿속도 하얗다. 시간의 흐름도 멈췄다. 대자연 속에 '사람은 아무 것도 아님을 안 순간' 눈에 파묻힌 고인돌에서 수천 년 세월의 웅얼거림이 되살아나 말을 한다. 흐르는 세월의 시간 속에 '어둠도 밝음도 있어야 사는 재미도 있다.' 고.

가슴속

우리가 다 알고 있는 마음은 무얼까. 아니, '나' 를 대변하고 살아내는 삶의 모양새일까. 그 모양새를 그려내는 작가인지도 모르겠다. 또 그 마음은 우리 몸 어디에 들어 있을까. 그냥 쉽게 '가슴속에 있을 거라' 생각하고 싶다.

농경사회 끝말에 자손을 낳을 때 이왕이면, 남자 아이기를 바랐다. 열 달 내 뱃속에 아기의 성별이 궁금했다. 그 시대는 태아의 성별을 알아볼 수 없었다. 오십여 년 전이었으니까. 임신의 경이로움이 머릿속에서 맴돌고 세상에 대한 아니, 존재에 대한 의문이 떠나지 않았다. 매일 출근하면서 임산부가 '무엇을 해야 하나' 보다 '자연적' 인 진행에 몸을 맡겼다.

병원에 자주 드나들지 않았다. 태아가 자리 잡을 때와 해산할 때 간 것이 전부다. 누구나 태아가 자궁 속에서 움직이는 것을 느낀다고 하듯이 나도 그랬다. 또 태아가 세상 밖으로 나오려는 신호를 보내는데도 자연에만 의존했다. 서른여섯 시간의 진통을 거친 뒤에 문이 열려 아기도 지쳤는지 첫 울음소리가 우렁차지 않았다. 건강을 걱정했었다. 키우면서 기氣가 약한 아이면 '어쩌나' 염려스러웠다. 그런 생각을 가슴에 넣고 살았다.

자식에 대한 사람들의 생각은 머리에 두기보다 가슴속에 두는 것 같다. 특히 여자에게는. 나는 적령기가 조금 지나서 결혼을 했지만, 자식은 결혼 적령기 초입에 짝이 채워졌다. 자식이 결혼을 했는데도 내 가슴속에는, '자식은 영원한 나의 것' 이라고 생각했다. 가족들이 모인 대화에서 아들과 며느리는 '우리는 그렇게 생각하는데요' 라고 말하는데, '우리' 속에는 부모를 빼놓고 말하는 상황이 되었다. 아들 며느리가 간 다음에 내 가슴이 '어디 있나' 찾아보았다. 손에 만져지는 게 없었다. 두 젖무덤 사이가 등짝도 없이 '뻥' 뚫린 기분이고 '뻥' 뚫린 구멍에서 찬바람이 술술 나왔다. 머리를 숙이니 뚫린 구멍으로 하늘이 보였다. 파란 하늘에 흰 구름이 둥둥 바람에 흘러가고 있었다. 자식을 머릿속에 두었으면 일찍 깨달았을걸.

중국 고서 '『소문』 오운행대론편五運行大論篇' 에 주나라 황제와 기백의 문답이 나온다. 황제는 "땅은 아래 있고 하늘은 위에 있는 것이 아니요." 하고 기백에게 물으니 "인간이 볼 때는 땅이 아래에 있는 것 같이 보이나 사실은 땅도 허공에 떠 있는 것이라."고 말했다. 황제는 "그렇다면 떨어지지 않고 어디에 의지하고 있소?"라고 재차 물었다. 기백의 대답은 "대기가 떠받쳐 들고 있다."는 대답을 했다. 대기가 들고 있는 지구 위에 사람이 살고 있어 '소우주' 라는 사람에게도 아마 공허가 아니 허공이 가슴속에 자리 잡고 있는 것은 아닐까 하는 생각이 들었다.

아망을 붙잡고 가슴속에 묻어 두었던 어리석음이 그제야 눈을 뜨게 됐다. '다 그런 거야, 다 그런 거지' 의 노래를 가슴으로 부른다.

공작의 날개처럼

젊었을 때 나는 이렇게 속상하게 살고 있는데 다른 사람들은 다 행복하게 사는 줄 알았다. 어떤 때는 나는 즐거운데 이웃이 싸우고 울며 악을 쓰는 것을 보았다.

같은 동네에 살면서 한쪽에서는 결혼식을 치르고 다른 쪽에서는 장례를 지낸다. 삶의 모습들이 같은 시간에도 다르다는 것을 모르고 살았다. 이렇게 서로 다름을 보고 삶의 의미를 찾아보는 것에 흥미가 생겼다.

태초에 조물옹이 사람 모양을 다 다르게 빚어 놓았다. 똑같은 사람은 없다. 쌍둥이도 조금은 다르다. 생각도 마음도 사람이 풍기는 아우라도 달라 세상을 헤쳐 나가는 모양새도 다 다를 것이라 여긴다. 다르니까 호기심이 생긴다. 살아가면서 생기는 가슴의 답답증을 어떻게 풀어나가며 살까 하는 것들까지.

어느 스님이 죽음을 환화幻化라고 했다. 필연으로 다가오는 환상의 꽃인 죽음 앞에 누구나 다 다섯 손가락을 쭉 편 채 간다. 그 환화에서 무엇이 중요한가. 명예, 재산, 부귀와 영화, 모두 소용이 없는 줄 알지만 살고 있는 세상에서 즐겁게 살아야 하는 명제를 알려고 글을 쓴다면 어떨까. 또 내가 글을 써야만 하는 밑바닥 동기는 무엇일까.

매일 하는 설거지를 끝낸 후, 나는 작은아들이 사다 놓은 어항 속의 붕어들을 한참 보고 있었다. 여러 놈이 새로 사온 놈을 쪼고 있다. 새로 사온 놈이 기를 못 편다. '어이구 저 놈들' 하면서 어항을 쳤다. 깜짝 놀라 도망을 간다.

어항 곁에 흩어진 신문을 간추리다 화보에 눈이 갔다. 학생이 또 왕따를 당하고 있다. 발길질 당하는 학생이 비굴해 보여 분통이 솟는다. "이 바보야." 소리를 질렀다. 학생을 향한 것 같지만 사실 나를 겨냥한 소리도 되었다. 기氣가 세지 못해서 당한다는 생각을 했다. 그러면서 나의 기는 어땠을까 더듬었다.

일본의 식민지 교육, 6·25 동란으로 학교생활이 순탄치 못했다. 친구 사귀기가 서툴다보니 친구들의 진한 정도 재미도 없이 지냈다. 느끼지 못한 재미의 원인을 세월에게 푸념했다. 나도 요즘 학생이었다면 왕따를 당했을 것이 뻔했다. 할 일을 못 찾고 매일 심심할 때가 많았다. 항상 혼자였다. 호기심으로 학교 구석구석을 빙빙 돌던 일과 고무줄넘기 할 때도 시켜달란 말을 못하고 아이들 등 뒤에서 구경만 한 일, 그러니 공부에만 몰두할 수밖에 없었다. 성적은 좋으나 친구들에게 호감을 얻지 못해 반장이 되질 못했다. 고교 때도 마찬가지였다. 기氣죽은 성격 탓일 게다. 대학 생활 2년도 풀 죽은 기로 끝냈다. 가슴을 펴고 당당하기를 원했으나 등이 굽은 청춘으로 세월은 흘러갔다.

멋도 모르고 간 시집에서 '사람은 제 할 탓' 이라며 내 편이 없는 외로운 존재로 살았다. 자녀들이 다 출가했어도 중히 여김을 못 받는다고 생각한 옹졸한 주부였고, 노부부가 되어도 서로의 기분을 살리지 못해 사랑받는 것을 모르는 여자였다. 사랑을 담뿍 받아야 기를 쭉 펴는 것인데, 형광등 머리니 미련한 곰 짓을 할 수밖에 없다.

어느 날 대공원에 갔다. 손녀들에게 동물들을 보여주려고. 우리 가족은 흥미진진해 호기심을 뿜으며 보다가, 공작새가 정오에 꽁지깃을 활짝 펴고 있는 모습에 근처에 있던 사람들이 일제히 환호성을 터뜨렸다. 나이 들었음을 망각하고 나도 소리를 질렀다. 곁에 사람들이 깜짝 놀란 눈으로 우리를 쳐다봤다.

'바로 저것이다.' 내 속에 웅크린 기를 활짝 펴야겠다는 열정이 솟아 열심히 썼고 읽었다. 남이 나를 알아주기를 원하는 욕망도 부글거렸다. 가슴 깊게 요동칠 만한 어떤 여인의 수필을 읽고 의욕에 불이 붙었다. 그 여인은 명성을 얻으려고 쓰다 보니 어렵고 힘들고 막히더라고 했다. 나도 남에게 인정받고 싶다는 마음이 앞장섰다. 글을 쓸 때 남의 입장에 서 보는 일이나, 나상裸像의 자신을 보는 일은 본받을 만했다.

불붙는 글쓰기로 일상을 잊었다. 역부족인 실력이지만 공작의 날개처럼 활짝 펴 보고 싶다. 인정받는 것이 허황된 일인 것 같지만 나에겐 이 세상 태어났음의 보람으로 여길 것이다. 부질없는 생각일 수도 있지만 그냥 이렇게, 저렇게, 그렇게 산 사람들 앞에 너그럽게 살다 가는 인생이 되려고 쓰는 것인지도 모른다.

삭임질

외양간에 소를 본다. 먹은 것을 우물거리며 삭이고 있다.

고서에서는 소를 여인으로 상징했다. 발톱이 둘로 갈라져 음으로 표현되었다. 섣달 축월에 새싹이 어두운 땅속에서 새봄을 기다리듯 인내심의 덕을 가졌다는 것으로도 여인으로 상징되었으리라. 또 주인에게 복종하는 순한 덕을 가졌고 소 팔아 논 사고 등록금 내는 비상금 역할까지 하면서 충성했는데, 끝내는 죽어서 고기까지 내어주는 것이 분해서 오래도록 삭임질 하는지도 모르겠다고 나 혼자 억지를 부려본다.

층층시하에 걸쳐서 살았던 생활습관이 몸과 마음에 배어 그 관습에서 떨치고 일어설 용기가 없었다. 한 울타리 안에 조석으로 참견

하는 시누이 가족과 우리 가족이 함께 살았다.

한국의 60년대는 가난이 찌들었을 때다. 직원들이 마음을 모아 선물한 작은 오디오가 없어졌다. 누구의 행동인지 가족들은 알지만 입을 다물었다. 답답했다. 거기다가 짠돌이 노릇하며 모아둔 돈을 친구에게 빌려주고 못 받는 일이 겹쳤다. 써야 할 때 못 쓰고 못 받으니 이중으로 손해였다.

창가에 서서 지나가는 사람들을 보았다. 기분 좋게 걷는 사람, 중심을 못 잡고 뒤뚱이는 노인, 무거운 다리를 옮기는 젊은이, 통통 튀는 아이들, 윗몸을 곧추세우고 흔들림 없이 걷는 처녀들, 그러다 신을 짝짝이로 신고 달려가는 중년 여인이 보였다. 무슨 일로 저럴까. 나와 같은 억울함일까. 삭여지지 않는 분함에 나도 느닷없이 저 여인을 따라 뛰고 싶었다. 현관까지 나갔다가 멈췄다. 변변한 신발 하나 없는 것을 알고 도로 부엌으로 향했다.

냉장고 문을 열고 식혜를 병째 마셨다. 시원하게 넘어간다. 빠르게. 그래도 분이 사그라지질 않는다. 다시 감식초를 컵에 따라 마셨다. 무엇이 마비된 듯 정신을 차릴 수가 없다. 현기증이 나서 식탁 의자에 앉으니 어제 저녁밥이 그릇에 담겨진 채 밥알들이 말라 있다. 그때서야 허기를 느낀다. 먹는 것으로 보상을 해야 하나. 먹어야 살지 하는 생각에 갈치를 굽고 국과 밥을 데우고 나물을 무쳐 놓으니 잘 차린 밥상이다. 밥 한 수저를 떠서 입에 넣는다. 목이 메어 '꺽' 소리가 나도 모르게 나왔다. 서둘러 바지락 된장 국물을 한 모금 마셨다. 정신이 든다.

시장 어귀에서 바지락 까는 노인이 떠올랐다. 매서운 추위에도 연신 조개를 까고 있었다. 이 노인도 삭임질이 골수에 맺혔을 거다. 알맹이가 많이 쌓이니 밍크 옷 입은 여자가 3만 원을 주고 다 사가는 바람에 나는 기다려야 했다. 노인 주머니에 돈이 들어가는 찰나 어디서 왔는지 젊은이가 그 돈을 낚아채 간다. 그리고 더 내라고 다른 손을 내밀었다. "어허, 어제 갖고 간 것은 뭐하고?" 그 소리가 내 귀에는 억울한 울부짖음 같이 들렸다. 노인은 말해봤자 소용없다는 듯이 주머니에서 파란 돈 두 장을 내줬다. 나지막이 '저 웬수' 하는 소리가 들렸다.

노인은 98세의 시모가 세상 떠난 시누이 아들과 자신의 자녀를 공부 시키는데, 두 아이에게 조금만 차이를 두어도 불호령을 내린단다. 하루 장사한 돈을 시모에게 바쳐야 집안이 조용하다는 셋방 사는 사람들 이야기다. 나는 노인처럼은 되지 말아야지 하는 생각이 든다.

시대가 바뀌고 시간이 흘렀어도 노인은 젊어서 박힌 관념과 습성을 바꾸지 못하는가 보다. 그래서 노인은 그런 생활을 지속하는가 싶기도 하고 또 생활에 지쳐서 마음을 그냥 풀어 헤쳐 살고 있는지, 그렇지 않으면 노인에게 내가 모르는 더 큰 사랑의 마음으로 살고 있는지. 어찌 되었건 나는 바지락 파는 노인처럼 살지 말아야지 하면서도 오히려 존경해야 할 것 같다.

내 분통은 그 때 당시 못 산다고 선을 긋고 헤어졌다면, 또 그 노인이 바보라서 생활을 개선 못했다고 흉보았다면 얼마나 부끄러웠을까. 그까짓 거 아무 것도 아니란 생각이 든다. 집안을 정리하고 문을 나섰다.

걷다보니 인사동이다. 민화전이 열리고 있다. 화려한 채색의 우리나라 조상 민초들의 그림이다. 어딘가 모르게 그림을 대할수록 애정이 생긴다. 나도 해봐야겠다는 의욕에 필방에 들어가 책과 준비물을 갖추다보니 해가 지는 줄도 몰랐다.

민화를 시작한 지 일 년이 지나고 있다. 재미있다. 그림이 주는 이미지에 정성을 쏟고 혼을 불어넣다 보면 마음의 폭이 넓어진다. 또 다른 삭임질이다.

오늘도 모란꽃 한 잎씩 정성껏 칠해 나간다. 모란꽃처럼 활짝 웃으면서….

2

어김없이 오는 봄 어떻게 맞을까

가로등

관상

늦가을 인생

그 해 겨울

꿀 종지 하나

명품 안경

어김없이 오는 봄 어떻게 맞을까

가로등

나는 관광지 메인 로드에서 두 블록 떨어진 길에 서 있는 가로등입니다. 누구 하나 거들떠 보지 않는 속성으로 태어난 줄 알았는데, 어느 때는 한국어를 모르는 사람들이 심심치 않게 지나갑니다.

나는 내 모습이 유럽에 있는 고풍스럽게 굽은 현수식 가로등이었으면 좋겠다고 생각합니다. 나는 시멘트로 만들어진 주두식 가로등이라 선진국에 비하면 볼품이 없습니다. 여행의 전성시대이니만큼 여행객들이 보고 아름답다는 느낌을 받아야 하니까 말입니다. 유럽 여행을 한 사람들이 내 곁을 지나가면서 하는 말을 듣고서요.

하루해를 힘겹게 보낸 저녁 강가에, 제복 입고 모자 쓴 노인이 안개가 자욱한 다리 위에 서 있는 현수식 가로등에 긴 대로 한 등 한

등 불을 켜가고 있는 광경은 지금도 잊을 수가 없었고요. 안개로 짙은 잿빛 베일을 뚫고 엷게 비치던 가로등 불빛은 언제나 마음속에 남아있다고 하면서 '유럽을 그리워한다면, 그 안개와 가로등 때문이라.' 했습니다. 나는 볼품은 없으나 사람의 가슴에 남는 가로등이 되고 싶습니다. 물론 내 할 일을 잊지 않고 섭니다.

볼품없는 내게 가끔 수캐가 다리 하나 번쩍 들고 내 밑동을 적셔놓고 가고, 등불 밑이 어두워 남자들이 아직도 엉뚱한 짓을 한답니다. 우아했던 내 희망이 지린내로 폭삭 꺼집니다. 나는 한숨을 크게 쉬며 '한국은 언제 문화국민이 될까나' 고민합니다. 행인들은 고개를 외면하고 나에게서 달아납니다. 악취로. 나 자신도 괴롭습니다.

특히 여름엔, 더욱 심해 내 팔자를 원망합니다. 그러다 "바람아 불어다오."라고 애걸을 합니다. 바람이 어느 때는 못 들은 척 시치미를 떼다, 변덕이 나면 "그래, 알았다."며 장대비와 해일을 몰고 들이닥칩니다. 그때 내 몸이 목욕을 합니다. 날이 개어서 햇볕에 수분과 냄새도 날아가고 고슬고슬한 몸으로 서 있으면, 기분이 붕붕

뜨고 내 할 일에 몰두합니다.

해가 가고 어둠이 몰려오면 나는 눈을 뜨고 '차렷' 자세로 서 있습니다. 눈을 감고도 우리 마을 주민들을 다 압니다. 발자국 소리로, 말소리로, 까만 봉지 든 아줌마들, 초중고 학생 꼬맹이들까지. 내가 깨끗해지니, 고개를 돌리지 않고 갑니다. 으쓱해지는 내 기분을 사람들은 모릅니다. 아파트나 주택마다 불빛 창문이 되어 가족끼리 소곤대는 소리가 들리면 나는 외로워져 가족이 있었으면 하다가, 내 소임을 생각합니다.

어느 날, 나를 관리하는 분이 내 몸에 CCTV를 달아 놓고 갔습니다. 내 할 일이 늘었다고 신났습니다. 내 주위엔 작은 가게가 많습니다. 요즘엔 북핵실험으로, 내수 경기 침체가 장기전으로 가니, 또 명퇴들이 많아져져 느는 것은 치킨집, 미장원, 헬스장, 커피전문점, 농산물 가게, 떡집, 빵집, 족발집이 촘촘히 붙어 있습니다. 손님이 없다보니 울상들을 하고 삽니다. 대학생 과외 전화번호와 상점 전단지들로 내 몸은 덕지덕지 도배가 됩니다. 주민센터에서 나와 칼로 긁고 찢어내고 물을 뿌려 떼어내느라 법석입니다. 사람 사는 모습이 안쓰럽습니다. 가정이 그립다가도 사람이 아닌 것에 감사했습니다.

흰 눈이 쏟아지는 겨울 늦은 밤, 희끄무레한 복장의 취객이 갈지자로 횡단보도를 건너오고 있었습니다. 다른 골목에서 느닷없이 체인도 없는 택시가 나오다 뺑그르르 돌며 행인을 덮치고 그냥 달아났습니다. 잠시 후 경찰이 오고 119가 행인을 싣고 갔습니다.

내가 서 있는 바로 옆집은 마당 안이 훤합니다. 그 날도 안주인은 늦게 귀가하는 남편을 기다릴 겸 마당에 나와 눈 설거지를 하는 듯했습니다. 날이 밝아지자 나는 눈을 감고 몽롱한 상태에서 쉬는데, 여인의 통곡이 들렸습니다. 웅성웅성 속에서 '어떻게 살지', '그러게 술이 웬수야', '뺑소니를 어떻게 잡지', '언제 초상을 치르지' 하는 소리가 들렸습니다. 희미하던 정신이 번쩍 들었습니다. 매일 늦은 저녁이면, 내 밑에다 개가 하는 행동을 해서 미워했던 그 남자였습니다. 그날 사고난 아저씨가 바로 내 옆집 아저씨인줄, '사람일은 정말 알 수 없다.' 고 나는 사람이 아닌 것이 다행이라 여겼습니다.

다음 날 내 몸에서 CCTV를 떼어가더니 뺑소니를 찾았다고 했습니다. 아주머니는 보상을 받아 김밥집을 차리고 근근이 살고 있습니다. 술에 취해 자신의 할 일을 못한 사람보다 밤에 내 할 일을 깜냥 없이 해낸 내가 장했습니다.

높으신 나라님들께 부탁하노니, 구름 잡는 문화융성 말고 신도시에 세워진 가로등 같은 것으로 후진 곳의 가로등도 바꿔주시고 지린내 소변엔 벌금을 물렸으면 합니다. 주민들의 정신교육 강연을 자주 열어 주셨으면 합니다. 부탁드립니다. 가로등이

관상

상큼한 5월의 어느 날이었다. 젊음의 푸르름이 어깨에 가득 찼었다. 라일락 향기가 코끝을 스쳐 발걸음도 가볍게 걷고 있었다. 길가에 돗자리를 깔고 앉았던 사십 대 되는 남정네가 벌떡 일어나 나를 향해 달려온다. 송곳 같은 눈을 하고서 내 콧등을 뚫을 듯, 볼펜으로 나의 콧등에 점을 찍으려는 듯이 다가온다. 의아한 기분이 도를 넘어 짜증까지 나서 "왜 이래요."하고 눈을 부릅뜨니 멋쩍어하며 "그 콧등에 점을 빼야 합니다."라고 동정어린 눈으로 본다.

그 점을 달고 시집가면 시집살이가 심하다고 한다. 하기야 1960년대이니 시집살이의 부작용이 많았다. 어른들의 말이 '고추 같이 매운 시집살이'란 말을 들었지만 그 남정네의 기분 나빴던 행동이 여운으로 남아 빼지 않겠다며 돌아섰다. 그러고 몇 년 후 건장한 남자와 결혼했다. 콧등에 검은 점이 있는 상태로 지금까지 잘 살고 있다.

살아오면서 그 '남정네의 말을 들을걸' 하는 때도 있지만 큰 후회는 하지 않았다. 생긴 대로 살고 있어도 이만 하면 됐다고 생각하니 그런대로 살아가고 있다. 세상은 마음먹기에 달렸으니 삶의 기쁨을 찾으면서 살면 될 것이다.

하기야 100평이 넘는 울타리에 시부모님, 손위 시누이가족 6명과 시동생 3명, 우리 부부와 아이들 3명을 합해 16명이 오골오골 우굴우굴 시끌벅적 살아, 일도 많고 탈도 많아 조용하면 오히려 두려움이 닥칠 것 같은 조바심으로 살았다.

빅뱅 이후로 세상을 살아나온 선인들의 지혜를, 책을 통해서 아니면 구전으로 배워 삶의 방식을 찾아 하루하루를 살아냈다. 가끔은 사람 관계를 따져보고 남녀의 인연에 묘함을 생각하다 보니, 세상을 사는 법칙이 있는 것 같기도 하고 없는 것 같기도 해 '우주의 원리' 라는 책을 읽었다. 배우다 보니 이해가 안 되는 것도 많아 명리의 이론을 조금 살펴보았다.

사람도 자연이니 자연의 순리에 따라 해와 달은 부모이고 네 기둥 년 월 일 시에 따라 화인, 수인, 목인, 금인, 토인으로 구분지어 나눈다. 화인은 밝아서 사물의 이치를 잘 꿰뚫어 보고 성질이 급하며, 수인은 부드럽고 싸움을 싫어하며, 목인은 나무라서 인자하고 남을 도우며, 금인은 단단하고 날카로우며, 토인은 흙이라 모든 만물을 덮어주고 쟁투에 중계역을 맡는다. 사람이 살다 보면 싸울 때와 화해할 때가 있다. 화 수 목 금 토가 시계 방향으로 돌아갈 때는 순행이 되어 삶이 순조로워 탈이 없고, 거꾸로 돌면 역행으로 매사 브레이크가 걸린다는 것이다. 사람끼리도 공연히 싫은 사람이 있고 은근히 끌리는 사람이 있게 되니 사람의 관계도 묘하다. 사람이 살면서 할 일이 많은 사람은 일에 얽매어 산다. 일에 얽매이니 자유가 없다. 이런 사람을 관이 많다고 한다. 식상은 자식, 재는 돈과 재산, 관은 직업과 할 일, 인수는 부모의 덕으로 공부를 뜻한다.

그 남정네의 말이 맞다. 식구가 많으니 일에서 헤어나기 힘이 들었다. 그러니 시집살이가 심했다고 말을 할 수 있다. 만약에 점을 뺐다면 어떤 삶을 살았을까 궁금하다.

세상은 고집스레 내가 가진 것 그대로 사는 삶이 성형해서 사는 삶으로 변하고 있다. 자신의 삶은 자신이 선택하는 것이라 뭐라 할 수 없지만, '참 재미있는 세상에 살고 있구나.' 라는 생각이 든다.

늦가을 인생

산빛이 달라졌다. 말간 하늘이 창창하게 높아지면서 목화송이 같은 흰구름 서너 뭉치를 떠받치고 있다. 계절의 변화를 얼핏 느꼈다. 그렇게 끓던 여름이 어느 결에 차가워진 강물 따라 슬금슬금 흘러갔다. 기원을 모르는 바람 끝에 맑음이 묻어와 물속이 보인다. 한 해를 깨끗이 마무리할 때인가.

아침부터 가을비가 추적추적 내린다. 일어나니, 어제 저녁 먹은 음식이 배 속에 그대로 있다. 바보상자와 곁을 지냈으니 머릿속도 멍멍하다. 사지를 움직여야 몸의 기능들이 깨어난다는 말이 생각나 우산을 들고 길을 나섰다.

새로운 시가지가 형성된 길이라 건물과 나무가 잘 배치되어 있어 걷기에 안성맞춤이다. 거북한 속으로 산책하니 즐겁지 않고 좀 따분했다. 철이 덜 든 노인이다. 음식을 꼭꼭 씹고 모자란 듯이 먹으라는 양을 어긴 건가, 아니면 늦가을 인생이 소화의 자생력이 떨어짐을 알지 못한 건가 했다.

누릇누릇한 잎을 달고 있는 가로수 숲길을 빗속의 호젓함 속에 삼십여 분 걸었다. 배 속이 뭔가가 정리된 기분이다. 속이 편해졌다. 간디는 눈비를 가리지 않고 매일 구국을 위한 사색을 산책길에서 했다 한다. 어떤 이들은 산책하면서 영감을 받는다고 한다. 예술인들의 말이다.

부산으로 이사 오기 전, 나는 고대 뒷산으로 오르락내리락했다. 이른 봄이면 움츠려 지내던 몸을 쭉 펴고 걸었다. 길가에 새싹들이 고개를 내밀고 지들도 몸을 편다고 말하는 듯 쑥 솟아있다. 오종종 피어있는 난쟁이 오랑캐꽃을 본 날 산길을 걷다가 집에 오면, 머리가 맑아 어수선한 생각들이 정리된다. 골이 깊은 문제나 난감한 일이 있을 때 산책이 필요했다. 정서적 풍부로 이성적인 결론을 얻으니 늦가을 인생인 나에겐 돈보다 산책이 소중했었다.

이사온 후 무엇에 쫓겨 산책길을 찾다가 귀찮은 병에 걸려 포기했다. 지난번 야유회 때 돌아오면서 회원 하나가 일러준 이 길을 오늘 산책했다. 앞으로 이 길을 걸으면서 미래의 내생을 정리할 것이다. 미래의 생을 밥 딜런의 노래(시)처럼 바람에게 물어본다면 대답해 줄까. 또 딜런은 "안주하지 않고 끝없이 움직이는 삶을 산다."고 스티브 잡스가 평했다. 사는 동안 움직이는 삶이 좋다고 숲길 산책에서 나도 얻었다. 미래의 삶은 누구나 안갯속이다. 뿌옇다. 모든 것을 정리하는 인생 계절에 자잘한 실패 원한 배반은 솎아내고, 종교가 갖는 감사의 마음으로 살면 어떨지 가을에게 묻는다.

그 해 겨울

그때의 겨울 맛은 독하고 맵싸했다. 그렇게 추웠는데 우리 가족은 살기 위해 만삭인 큰언니와 같이 피난길에 나섰다. 먹을거리도 없이 무작정 가는 데까지 간다고 나섰으니, 우둔한 가족인지 정신 나간 집안인지, 그래도 세상을 원망하지는 않았다.

11월 말인데 올해는 겨울이 성급하게 다가왔다. 모처럼 가을 단풍을 보려던 사람들의 마음을 아쉽게 한다. 전란도 아니고 먹을 것이 지천인 요즘, 방안에다 연탄불을 피워놓고 모녀가 자살한 슬픈 겨울 소식을 신문이 전한다. 그외 자살 누 건도 있다. 생세유지가 힘들어 비관 자살을 했다고 한다.

겨울이 닥치면 가족의 생계를 짊어진 가장들은 어깨가 더 무거울 것이다. 빈곤한 사람들은 겨울 걱정이 태산 같을 것이고. 그 태산 같은 걱정을 내가 살아온 뒤안길에서 찾으면 우리 아버지의 것과 같을까.

중절모를 쓰고 날이 선 양복바지 차림에 멋진 단장을 짚고 선 아버지의 사진이 떠오른다. 한참 잘 나가던 멋쟁이 신사가 예고 없이 닥친 사고로 6남매의 홀아비 신세가 되었으니 인생길에서 구정물을 뒤집어쓴 격일 것이다. 이리 치이고 저리 부닥친 삶으로 세월을 보낸 어느 날, 자다 일어나 보니 웬 할아버지가 누워 있어 놀랐다. 눈을 크게 뜨고 보니, 아버지였다. 좁아진 어깨와 기가 빠진 하얀 얼굴에 나는 '울컥' 소리를 냈다. 직장이 망해서 실업자가 되고 아내가 없는 자식들만 우글거렸으니 심신의 고통을 누가 알까. 그 지경에 피난을 갔으니 정말 막막했을 것이다. 살던 집을 버리고 갈 곳도 없이 길을 떠났다. 나야 따라가니 살길의 막힘을 모르지만 고인이 된 아버지는 가족을 이끄는 책임진 입장이니, 지금에서야 아버지의 고달픔을 깨닫는 나. 그때는 아버지 입장을 몰랐다. 살아계실 때 잘해드리지 못한 후회가 뼛속을 판다. 가족을 거느리는 남자들의 입장도 알게 됐다. 아버지에 대한 죄송함이 새록새록 가슴을 친다.

1951년 중공군에 밀려 1·4후퇴 때 피난 행렬의 뒤를 따랐다. 피난 짐을 이고 지고 수인선 철길을 밟았다. 앞 사람의 뒤만 바라보며 걸었다. 행렬 속에서 들리는 말이다. '인해전술'이라 했다. 죽이면 또 넘어오고 또 넘어오고, 계속 반복되니 정신이 돌아버리더라고, 사람이 총알받이가 되는 셈이었다고 했다. 자연사나 병들어 생명이 없어지는 일은 자연스런 소멸이지만 전쟁이나 사고로 죽는 것은 억울할 것이라고. 사람 목숨이 파리 목숨과 같다고 했다.

임산부 큰언니는 날씨가 춥고 힘들었는지 가다가 길가에서 몸을 구부렸다. 땅만 보고 걷는데 하늘에서 정찰기 소리가 '앵' 하더니 사라졌다. 잠시 후 귓속을 찌르는 듯한 쌕쌕이의 사나운 소리와 함께 기관총 소리가 고막을 찔렀다. 얼른 논둑 아래로 내려가 고개를 박는다. 언니는 내려오지도 못하고 길가에서 구부린 채 있다. '혹시나' 하고 고개를 들었다. 언니는 그냥 꼼짝 않고 고개를 숙이고 울며 서 있다. '아기가 배 안에서 똘똘 뭉쳤다.' 고 했다. 울상을 한 아버지는 논둑을 단숨에 올랐다. 언니를 잡고 떨었다.

50미터쯤 앞길에서 총 맞았다는 웅성거림이 들렸다. 피난 대열이 정지됐다 다시 추수追隨러진 대열은 죽은 사람 곁을 지나갔다. 우리도 그 곁을 몸서리치며 지나갔다. 또 다른 일행을 만난다. 종일 걸어서 소래에 도착했다. 날이 저물었다. 아무집이나 빈집이면 들어갔다. 벌써 피난민들이 방안에 가득하다. 염치 차릴 새도 없이 빈자리에 가 털썩 주저앉았다. 다리도 못 뻗고 웅크린 채 피곤에 못 이겨 잠이 어떻게 들었는지 몰랐다.

소쿠리를 들고 엄마와 같이 들로 나갔다. 꿈속에서도 이상했다. 엄마는 저승에 가셨는데, 머리를 갸웃하면서 걸어갔다. 넓은 벌판에 붉은 토마토가 주렁주렁 많이 달려 있다. 토마토밭이 하늘 끝과 닿았다. 빨강 연두 파란 하늘, 무언지 모르는 풍족한 것을 위로부터 받았다는 느낌이 나의 마음에 꽉찼다.

"야! 좋다." 손나팔로 크게 소리쳤다. 엄마를 찾으니 보이지 않았다. 엄마를 불렀다. 언니가 나를 깨웠다.

눈을 뜨니 언니가 다가왔다. 친친해서 내복을 벗었다. 언니는 나에게 눈을 껌벅이며 두 개 입은 속내복 하나를 벗게 했다. 내복 하나로 추위를 감당 못해 위턱 아래턱이 마주쳐 이빨 박수가 나왔다. 언니가 나의 뒤처리를 하는 동안 아버지는 밖으로 나갔다가 큰 양푼을 들고 왔다. 미처 깎지 못한 콧수염에 고드름을 달고서, 턱이 덜덜거렸다. 주먹밥이 든 양푼 둘레로 모였다. 깨소금과 소금으로 간을 한 주먹밥이 순식간에 없어졌다. 나도 얼른 주먹밥을 쥐었다. 자식들은 쩝쩝거리며 소리를 내고 먹는데 아버지 몫이 없다

"누가 두 개 먹었냐." 하고 나는 소리쳤다. 아버지가 "어허, 네 손 좀 봐라." 하는데 아뿔싸! 내가 양손에 밥을 들고 있다. 내 생각엔 아버지께 먼저 드려야 한다고 했는데 왼손에 밥이 나도 모

르게 입으로 직행하는 바람에 아버지께 드리려던 오른손의 밥을 그냥 들고 있었다. 얼굴이 벌겋게 달아오름을 느끼며 얼른 아버지 손에 주먹밥을 드렸다. 나는 작은언니에게 지청구를 받았다. 우리 가족은 한바탕 웃으며 요기를 끝냈다.

다음날 아침, 다른 피난민들이 집을 떠났다. 우리도 떠날 준비를 하는데 큰언니가 주저주저 한다. 아버지는 뛰어나가더니 방을 잡았다며 식구를 몰고 갔다. 포구 외딴집 방인데 종이 장판이 아닌 짚으로 된 가마니가 깔린 방이다. 아궁이에 장작을 땠다. 방구들에서 연기가 나더니 훈기가 돌기 시작했다. 언니는 진통을 했다. 동생들과 나는 마당에 있었다. 안집 애꾸눈 할머니가 뜨거운 물을 들고 방으로 갔다. 아기 울음소리가 크게 들렸다. 그 아이는 지금 캐나다에 살고 있다.

전쟁에서 많은 목숨들이 끊어지는데 이 촌에서 새 생명이 탄생했다. 생명의 탄생을 준비하는 일은 누가 할까. 우주가 끊임없는 소멸과 생성이 이렇게 이어지고 있음을 늦게야 알았다. 기관총에

맞아 죽은 사람 곁에서 이제는 세상 끝이다 했는데.

내가 아버지 입장이었으면 어떻게 했을까. 아마 감당하기 두려웠을 것이다. 아버지는 그렇게 고생스러웠어도 어떻게든 살겠다는 일념이었다. 그때보다 지금이 살기에 더 각박하다는 말일까. 자살률이 '세계 1위' 라던데, 남들은 잘사는데 나만 못산다는 비교 때문일까. 또 오죽했으면 자식도 죽이고 죽을까.

우주는 그때나 지금이나 돌고 도는데. 살려고 하는 마음이 먹을 거리가 너무 풍족해서 사는 방법을 망각했나 보다. 사정이 다 있겠지만 정신 건강이 문제인 것 같다.

꿀 종지 하나

지구의 사람들이 어둠에 묻혀 있다가 밝은 낮이 되면 손과 발을 꼬무락거리며 움직이기 시작합니다. 몸도 마음도 모두 던져 멋진 삶을 살아보려고 애쓰는 모습을 보고 살아왔습니다.

물론 두뇌도 큰 몫 했습니다. 그 움직임들이 합쳐져 물질과 문명이 이렇게 풍부하고 편리한 세상을 만들었나 봅니다. 생존에서 허덕이던 삶이 누리는 삶으로 바뀌니 산다는 호기로움에서 감사함이 절로 나옵니다. 그 감사함을 어떻게 해야 할지 생각해야겠습니다. 세간에 버킷 리스트를 작성한다는 말들이 떠올라서입니다.

세상을 어떻게 살았는지 주름이 입을 엽니다. 생존을 위한 허덕임이 없었다면 감사의 마음은 생기지 않았을 것입니다. 그 허덕였던 마음이 지금의 풍요로운 누림의 세상을 살면서 감미로운 행복의 씨를 잉태케 해준 셈이 되었습니다. 감사의 마음을 다시 한 번 맛보려고 씁니다. 꿀 종지 하나 같은 이야기지만 절실함으로 펼쳐진 음식 사연입니다.

가끔 딸의 집에 가서 보면 손녀와 딸이 숨바꼭질을 하면서 밥을 먹이는 모습을 봅니다. 숟가락에 담긴 밥을 보면, 절실했던 기억이 생각나 '이 할미가 먹을 거다.' 라고 밥숟가락을 따라 갑니다. 물론 손녀에게 밥을 먹게 할 요량으로 한 행동이지만, 밥에 대한 기억이 깊게 자리하고 있어섭니다.

또 분리수거 할 때, 음식물 쓰레기 뚜껑을 열면 하얀 밥이 보일 때가 있습니다. '아아, 누가 벌 받을 짓을 했군.' 하며 나는 아파트 건물을 상하 좌우루 보며 애꿎게 젊은 주부들을 겨냥해 뱉습니다. 밥을 짓는 쌀의 공정이 농부들의 피와 땀의 노고가 88번의 손놀림을 거친 것이라고 합니다. 또 돈 같은 시간이 열 달을 거쳐 만들어진 귀한 것을 함부로 버리다니, 아마 오늘날의 젊은 주부들의 시어머니 노릇을 톡톡히 하려는 얼빠진 심사를 내가 부려 보는 것은 아닌지. 하늘을 보며 한바탕 웃어 봅니다.

중학교 1학년 때 6·25가 일어나 피란을 다녀와서입니다. 아버지의 실직이 길어지면서 가난이 옹이 뚫린 나무 송판 담장 사이로 슬슬 들어왔습니다. 사고사로 어머니의 그림자가 없었으니 냉기가 온 집안에 맴을 돌았습니다. 이틀째 황토아궁이가 불맛을 못 봐서 차가웠습니다. 싸늘한 부뚜막에 걸터앉았는데 막내가 축 처져서 들어옵니다. 나는 침 한 번 꿀꺽 삼키고 막내 머리를 만지다 먹을 것을 들고 온다는 시늉을 하고 문을 나섰습니다.

막막한 심사로 언덕을 내려오는데 저녁의 햇무리가 짙은 구름에 가려 인색하게 보였습니다. 다시 침을 꾹 삼키고 앞을 보니 지게를 진 사람이 보였습니다. 옛날에 젓갈장수 아저씨였습니다. 엄마가 아저씨와 젓갈 흥정할 때 빡빡하지 않던 모습이 떠올랐습니다. 점심때가 지나서 굴젓을 살 경우가 몇 번 있었습니다. 어머니는 그 때마다 소반에다 밥상을 차려냈습니다. 아저씨의 밥 먹는 모습이 맛

있어 못 견디겠다는 표정으로 눈가에 웃음이 가득한 주름을 잡으며 '꿀꺽' 소리와 함께 밥을 넘기곤 했습니다. "아저씨, 맛있게 잡수시네요." 하며 책가방을 마루에 놓고 앉으면 어머니는 "어제 저녁부터 사정이 생겨 밥을 굶었다."고 아저씨에 대해 말했습니다. 그때 아저씨의 배고픔이 내게 닥칠 줄은 미처 몰랐습니다. 세상사가 돌고 돈다는데 배고픔도 도나 봅니다. 그 후에 알고 보니 같은 반 친구의 아버지였습니다. 그래서 사이좋은 친구로 서로 자주 집에 드나들었습니다. 그 시절엔 물질이 궁해도 대문을 잠그고 살지 않았습니다. 요즈음엔 오히려 물질이 넘쳐나는 풍부한 세상인데도 대문을 꼭꼭 잠그는 것은 어떤 의미일까요.

친구의 집은 세를 살았습니다. 친구 이름을 부르며 부엌에 들어서니 아궁이에 솔가지 탄 재가 허연 몸체로 누워있습니다. 이름 부르는 소리가 수저와 사기그릇 부딪히는 소리에 묻혀버렸나 기척이 없었습니다. 한참 가족들이 저녁을 먹는 중이었나 봅니다. 친구네 집 부뚜막은 온기가 있어 찬 손을 대다 보니 바가지 속에 주걱으로 긁어모은 밥이 납작하게 붙어 있었습니다.

내 손이 그렇게 빨리 움직일 줄 몰랐습니다. 어느새 그 밥이 내 입안에 들어갔고 밥맛을 알기도 전에 목에서 잡아당기는 것을 느꼈습니다. 남은 밥을 마저 입에 넣으려다가 막내 눈빛이 생각나 밥을 꼭 쥐고 대문을 나서 집으로 달렸습니다. 손안에 있는 밥이 자꾸자꾸 입으로 가려는 것을 억지로 참고 달려와서 동생 입에 넣어주었습니다. 야생동물들이 먹이를 찾았을 때의 날렵한 행동을 내가 하고 있었습니다. 굶주린 야생동물이 이해가 되었고, 친구의 아버지인 그 아저씨 생각을 했습니다. 동생의 밥 씹는 모습을 보며 내 입속에 남은 밥알 몇 알이 달작지근하게 느껴졌습니다.

살아 있는 몸에 불을 때게 되는 밥을 고맙고 중하게 여기게 되었습니다. 살면서 밥을 버린 일은 칠십 평생 없었습니다. 아마 이 일은 육체와 영혼이 이별하는 날까지 기억될 것입니다. 그런데 고등학교 때 이 기억이 빅톨 유고의 '레미제라블' 을 읽으면서 빵을 훔쳐 먹었다는 이유로 일생을 밝게 못 산 장발장을 생각했습니다. 나는 '어떻게 살아야 하나'를 생각했습니다.

'먹은 죄는 꿀 종지 하나'란 한국의 속담에 위안을 받습니다. 옛날에 먹고 살기 힘든 세상에 빈곤층 사람들의 편을 든 데서 생긴 속담으로 용서가 깔린 것 같습니다. 먹을 것이 없어서 소나무 껍질로 연명을 했고, 백성들 얼굴빛이 노란색을 띠었다는 고전을 읽으면서 굶어 죽는 일이 옛날엔 빈번했나 봅니다. 오늘도 감사하며 살고 있고, 앞으로도 꿀 종지를 양푼으로 바꿔서 감사함을 담고 살 것입니다.

명품 안경

명품은 누구나 좋아한다. 명품을 몸에 지니면 신분이 상승한 것처럼 어깨가 으쓱해지고 가슴을 내밀게 된다. 남에게 고상해 보이고, 사람들 앞에 최대한의 품위를 갖추게 된다. 그러니 명품은 품위유지 덕목이고 사람들의 부러움을 산다. 인물까지 잘났으면 추앙推仰까지 받는다. 그만큼 완벽하니 오래 사용하고 디자인도 잘 빠지면 사람들이 고가를 내고 사게 된다.

사람이 달라 보인다는 말을 들으려다 추앙은 고사하고 웃음거리가 된 일, 그 날 나를 만난 사람들의 입가에 웃음을 안겨준 걸로 만족해야 할까 내 입가엔 쓴 웃음이 배어 나왔다.

아침식탁을 차려 놓고 남편을 기다려도 오지 않아 방으로 가 보았다. 안경을 들고 쳐다보고 또 쳐다본다. 정성들여 닦고 안경집에 넣는데 알이 빠져 책상 위에 떨어졌다. 다시 나사를 조인다. 예쁜 갈색이다. 못 보던 물건이라 의아해 하니 선물인데 '이태리제' 라고 했다. 안경을 다시 끼어 보고 책상 속에 넣는 것을 보았다. 손대지 말라는 눈치다. 보통 때, 그 방엔 얼씬도 안한다. 아이들도 아버지 성미에 걸리지 않는 쪽으로 행동해 왔다. 호기심이 발동해 저것을 어느 때 써 볼까 했다.

살다 보면 여러 가지 일이 내 탓도 있지만, 누구 탓도 아니게 일어난다. 얇았던 눈꺼풀이 두툼하게 부었다 내렸다 했다. 언제부터인지 모르고 그냥 지냈다. 남들도 그렇게 바쁘게 살고 있는데 나만 특별나게 살고 있는 양 착각하며 살다가 동창회에 나가 친구들의 모양새를 보고 나를 돌아보게 되었다. 한쪽 눈꺼풀이 늘어져 겹쳐진 부위가 벌겋다. 눈이 완전히 짝싹이나. 귀한 싱도 아닌데다 가관이란 말이 적격이다.

병원에 갔다. 그 부위에 염증이 생기면 안 되니 수술을 받으란다.

겨울이라 염증도 덜할 것이니 바로 하잖다. 큰며느리이고, 고3 고1 중3을 둔 어미고, 까탈진 남편의 사정을 고려해야 하는 가정주부라 망설였더니, 세상의 주인은 본인이며 '나 없는 세상이 있느냐' 고 한다. 정신이 번쩍 들었다. 그 의사가 돈 벌려는 욕심보다 내 인생의 값을 찾아 준다고 생각했다. 바로 했다.

십여 년 전 일이다. 항생제를 먹고 주사도 맞았는데 양쪽 눈에 눈곱이 엉겨 붙어 감고 있어야 했다. 수술 안한 눈까지 기능이 떨어졌는지 두 눈을 감아야 편했다. 수술 후 5일째 되는 날, 결혼식에 참석 여부를 묻는 친구의 전화가 왔다. 눈이 많이 부어 있는 상태라 외짝 눈으로 가야하는데 이리저리 궁리하다 명품 안경이 생각났다.

부지런을 떨며 이것저것 끼고 걸고 나로서는 최고 옷을 입고 시계를 보니 시간이 빠듯했다. 마음이 급해졌다. 그 방에 가서 뚜껑을 열어 안경을 쓰고 나섰다. 부은 눈엔 밴드를 붙였다. 그 눈에 유난히 바람이 몰아쳤다. 겨울바람이라 쌩쌩한가 했다. 버스를 탔다. 손잡이를 잡고 눈을 감았다. 감은 눈은 타인의 시선을 무시한 거다. 정

차장에서 내려 온 신경을 한쪽 눈에 의지해 조심스럽게 식장 이층계단으로 올라갔다. 친구는 하객을 맞느라 정신이 없다. 예식장 앞문인지 뒷문인지도 구별 못하고 그냥 들어갔다. 사람들이 모두 다 나를 향하고 앉아있다. 나를 향한 눈들이 커지는 것을 보고 내 옷 차림새를 우아하게 보고 있구나, 또 거기다가 명품 안경까지 썼으니 어깨가 으쓱해지는데 여기저기에서 '킥킥, 어어' 하는 소리가 들렸다. 다른 구석에선 '여자 해적 선장' 이란 악동의 소리가 들리면서 친구 하나가 쪼르르 달려와 나를 끌고 식장 밖으로 데리고 나왔다.

"어떻게 된 거야?" 안경을 벗긴다. "안경알 하나는 어쨌어?" 그때야 나는 내 폼새를 알아차렸다. 쥐구멍이 없었다. 정신 차린 후 안경알의 행방을 어처구니없어 하는 친구의 표정에 물었다.

만지지 말라는 명을 거역한 것이 불안해 안경알을 어디서 찾나 걱정이 되었다. 음식도 먹지 않고 머리를 숙인 채 조바심으로 집에 왔다. 짝눈 안경을 넣으려고 안경케이스를 여니 갈색안경 한 짝이 얌전히 엎디어 있다. 울 수도 웃을 수도 없었다.

어김없이 오는 봄 어떻게 맞을까

어느 날, 동쪽 창문에 비춰진 햇빛이 눈에 띄었다. 애처롭게 떨리는 겨울 햇빛이 아니다. '절기가 바뀌고 있구나' 했다. 나도 모르게 봄을 기다렸나 보다.

나를 비롯한 무수한 생명들이 추위라는 무게에 짓눌려 살았나싶다. 땅속 어둠에 있는 생명체도 그랬을 것이다. 작은 미생물일수록 계절에 더 민감하다 하니 나보다 먼저 봄을 알아차려 움직였을 것이다. 종의 본능을 지켜 또다시 지상에서 살아보자고 몸부림쳤을 것이다.

'나' 란 생명은 만물이 반기는 이 봄을 어떻게 맞이할까. 지난날 수십 번의 봄을 맞이하면서 꽃을 보고 '봄이다' 를 외치다가 말았다. 등이 조금 굽으려 할 때 자녀들을 긴 연줄에 세 명이나 떠나보내고 난 후에야 진정한 내 봄을 찾았다. 세월에 묵은 우리 연배들은 요즘 같은 문명의 혜택을 덜 받고 살아 몸이 고달팠다. '삶을 누려본다'는 즐기는 삶이 아니었고 목숨을 이어간다는 삶으로 살았다. 그때는 할 일도 왜 그리 많은지, 아마 그런 삶이 그 시대적 팔자라 여겨진다.

세기가 바뀌면서 몇 번의 봄은 '와 기분 좋다.'를 외쳤고, 여행도 떠났다. 앞다투어 피고 지는 꽃의 짧음을 아쉽게 여겼고 꽃의 향연에 취해 나비처럼 춤이라도 출까 했다. 복지관에서 고전무용도 해보고, 맑은 새소리에 귀를 쫑긋거리며 노래교실도 들락거렸다. 어쩌다 수필교실을 기웃하다 글을 써보겠다는 무지개 꿈을 꾸며 손가락 발가락으로 퍼덕거려 보는데 몸속에서 나는 삐거덕 소리를 들었다. 아직도 가슴엔 뜨거움이 솟는데 어쩌라는 건지, 몸과 마음이 따로 놀고 있다. 어느 장단에 춤을 출까. 마음 담을 몸이 망가지면 끝장이 아닌가.

새봄에 덜컹거리는 몸부터 보살피는 것이 발등에 떨어진 일이겠다. 낯선 재래시장을 다니며 입맛을 돋우는 쌉쌀한 머위나물, 알싸

한 달래장, 땅 위에 고개를 내밀자마자 목이 잘려진 정구지, 수직으로 땅속 기운을 빨아들이고 최대한의 햇볕을 받으려고 모진 추위를 견뎌낸 냉이, 향긋한 미나리를 사서 흙 털고 다듬고 떡잎 골라내고 씻어서 데치고 물기를 빼고 무치고 찌개 끓여 입에 넣는 일이 이 봄에 내가 해야 하는 일이다. 몸부터 살피고 다스려야 건강한 삶을 지탱할 수 있을 것 같아 이렇게 움직인다. 건강한 몸에 건강한 마음이 자리 잡는다고 한다. 두 발과 열 손가락들을 부지런히 놀리는 것으로 오는 봄을 맞는다.

어젠가 그젠가 '생활이 바삐 돌아가겠구나' 를 느꼈을 즈음, 초저녁 서쪽하늘에 날렵한 초승달을 보고 '어머' 라며 웃었다. 반갑고 즐거운 마음이 됐다. 지금까지 살아오면서, 초승달을 보게 되면 해결할 일이 많아지곤 했는데. 그 징크스가 유효한지.

이른 봄, 땅속 생명들이 무거움을 뚫고 나오려고 애를 쓰듯이 내 건강 찾으려고 애를 써야겠지만, 봄빛을 알아차리듯 모르고 태어난 생 너머에 사그라드는 생도 알아차려야 되나 보다.

3
혼자의 그림자

길고 긴 사랑

내 앞으로 굴러오다

너무 더딘 마음

사랑

순명의 그리움

혼자의 그림자

길고 긴 사랑

요즘 사람들은 한 번 태어났다 죽어야만 하는 이 인생을 '어떻게 살아야하나' 로 고민한다고 합니다. 사람마다 자라면서 마음의 성장도 있게 마련입니다. 저절로 마음속에 생기는 외로움을 느끼면서 사랑을 찾게 됩니다. 그 사랑이 포근하고 달콤함에 푹 빠져서 죽을 둥 살 둥 헤엄치다가 사람으로서의 책임과 굴레가 씌어진 다음에야 정신은 어른이 됩니다. 손발이 움직여 사랑을 실천해야 합니다. 그 사랑이 우주 전체를 움직이는 원동력으로 발전해야 행복을 찾을 수 있는 좋은 세상이 될 거라 생각합니다. 사랑이 없는 세상은 멩볼 세상입니다.

'사랑' 이란 글자에서 '사' 자를 빼고 '랑' 하고 발음하면, 목에서

'이응' 의 여운이 길게 남습니다. 지금 세상에 살고 있는 모든 사람들이 '사랑' 하고 울리는 소리를 내면 한없이 이어질 것입니다. 그래서 사랑은 세상 어디에나 있을 수 있고, 끊어지지도 않고 계속 이어진다고 생각합니다. 지구가 끝날 때까지 사랑은 사람들 마음속에 계속 존재할 것입니다.

사전에서 사랑의 뜻은 긍휼矜恤, 구원, 행복의 실현을 지향하는 정념情念이라 쓰여 있고 보통의 뜻은 아끼고 위하는 따뜻한 엄마의 마음이라고 했습니다. 엄마가 된다는 것은 '사랑을 깨달아라' 하는 그 누구의 목소리 같습니다.

사람이 태어나면 어미의 보살핌이 필요합니다. 그 보살핌 이전에 인간이 알 수 없는 우주의 어떤 기운이 갓 태어난 생명체를 보호한다는 느낌이 들었습니다. 또 아들 아니면 딸을 원한다고 해서 얻어지는 것이 아님을 알 때 인간 위에 어떤 존재가 있다고 여기고 싶습니다.

내가 아이 셋을 낳아 모유 수유로 키우는 동안 생후 6개월까지는 아이를 병원에 맡긴 일이 없습니다. 예방접종 말고 하늘의 어떤 보호를 받고 있다는 느낌이 들었습니다. 지구 위에 있는 모든 생명체들도 숨을 쉬며, 따뜻한 햇살을 무한정 받고 그 나름대로 종을 지키고 그 장소에 적응을 하며 살아가는 것이 누구의 보호를 받는다고 여겨집니다. 그런 것이 '다 사랑이라' 고 생각합니다. 어른이 되어서도 그런 '사랑' 에서 살고 싶은데 그 사랑 속에 잔인함과 치열함과 시기와 질투와 미움, 이기심들이 끼어 있음을 살면서 겪어 알았습니다.

내 몸이 성장하면서 꽃을 보고 좋아했던 마음, 별의 반짝임을 보고 아름답다고 느껴지는 마음, 날렵한 초승달에 혹했던 마음, 변화무쌍한 구름모양을 넋을 놓고 보던 행동, 이런 자연에서 나는 사랑을 느꼈습니다. 세상에 만물들도 다 나와 같은 감정을 갖고 있어서 우주는 사랑으로 이루어졌다는 생각을 하게 됩니다.

어미 살쾡이가 자식들에게 줄 먹이를 구하러 나갔다가 인간에게 잡혀 살점이 다 뜯겨 나갔으면서도, 생명이 붙어 있는 뼈대가 자기 새끼 있는 곳까지 가서 엎어져 있다는 얘기를 들었습니다. 자식 사랑 때문일 것입니다.

또 며칠 전 TV에서 젊은 부부가 게임에 열중하다 갓난쟁이 울음이 게임에 방해된다고 목을 졸라 죽인 부부의 기사를 접했습니다. 장난질해서 생긴 아이, 아니면 지독한 이기심이 잔인함으로 둔갑한 모양입니다. 아찔한 기분이 들었습니다. '지구 밖으로 공중분해 시킬 인간아!' 라고 적개심을 품다 보니, 가슴이 찌르릉거렸습니다. 마음의 전화가 걸려왔나 봅니다.

"니 누굴 욕하노, 우리 삼형제는 다 크지도 않았는데, 자궁 속에서 난도질 당한 거 너 그거 잊었나?" 사랑해서 생긴 과거 목숨들이 저 세상에서 항변합니다. 둘만 낳아 잘 기르자 할 때입니다. "니는 지구 밖으로 떨어져 가루가 되라."고 욕을 퍼붓고 사라지는 것 같았습니다. 그러니까 그 고귀한 사랑 타령을 '너는 하지도 말라.' 그런 뜻이었습니다. 글도 쓸 자격이 없다고 합니다. 그래서 글쓰기를 그만둘까 하다 사랑에는 '용서' 라는 것이 있다기에 염치가 없지만 사랑의 정념을 쏟아서 써보려고 합니다. 아마 우주의 큰 사랑일 것입니다.

2010년에 사망한 영국의 유명한 역사학자 토니 주트는 죽어가면서 이런 말을 남겼다고 합니다.

"나는 신神 버금가는 존재다. 사후세계를 믿지 않았다. 하지만 믿게 되었다. 죽고 나더라도, 내가 사랑했던 사람, 나를 사랑해 주었던 사람들 마음속에 내 영혼이 살아있지 않겠나. 그곳이 나의 사후세계가 될 것이다. 나는 사후세계에서 도덕적 책임감을 느낀다."고 했습니다. 토니 주트는 믿지 않은 사후세계를 믿게 될 때까지 사랑이란 것을 알기에 일생을 건 셈입니다. 사랑을 깨닫기까지 너무 오랜 시간이 걸렸습니다. 그러니까 '랑' 하는 울림 말고도 이런 훌륭한 사람들의 생각으로 사랑이 이어지고 있음을 우리는 알게 됩니다. 또 모든 종교가 사랑을 부르짖듯이.

요즘 사람들은 '어떤 삶을 살아내야 잘 살고 죽었다는 말을 들을 수 있을까' 를 고민한다고 합니다. 그러면 나는 속이 쓰리고 아파도, 눈 감고 시고 떫은 삶을 사랑으로 승부를 걸고 살면 '잘 살았다' 고 나 자신에게 말할 수 있을까, 생각해 봅니다.

내 앞으로 굴러오다

나의 시작과 끝 사이, 나는 지금 어디쯤 굴러왔을까.

한 해의 끝자락이 다가와 만산에 단풍이 홍염을 토한다. 마치 한풀이 하듯, 사람들은 이런 아름다움이 찰나刹那적이라고 아쉽다 한다. 어떤 이는 애상哀想에 젖어 눈물까지 흘린다. 떨어지는 낙엽을 보며 자신의 인생 끝자락을 떠올리나 보다. 나도 그 축에 낀다. 복잡한 세상에서 삶의 굴레를 안고 구르다 보니, 이렇게 가스나 처녀 아줌마 할매로 변했다. 손자손녀들이 있어서 '할매' 소리 듣는 것을 용납했는데 지금은 '할망구' 소리도 괜찮을 지경이다.

아침마다 자작나무 우듬지에서 지저귀던 새소리가 먼 곳에서 들린다. 시부모님이 앉았다 일어나시면서 뼈마디가 덜거덕 삐거덕 소리가 난다고. 서글픈 일도 없는데 "눈물이 와 주르르 흐르노.", 마루에 올라서며 "아이구 엉덩이가 와 이리 무겁노."하면서 주저앉던 모습들을 어느 때부터 내가 그대로 하고 있다. 장에서 자주 보던 노인들이 연기처럼 사라지고, 부모님들의 모습이 추억에서만 보인다는 사실에 눈이 번쩍 떠진다. 존재하지 않으니까.

지인의 병문안을 갔다. 병실에 들어서니 팔이 링거병 줄에 매달려 입을 벌린 채 숨을 할딱이고 있다. 귀하고 도도하던 자태가 흔적 없이 사라진 모습에서 못 볼 것을 봤다는 듯 벌어진 내 입을 꼭 다문다. 급박한 상황이라며 간호사가 퇴실을 요구한다. 입안이 바싹 타들어갔다. 병실 복도에서 서성이는데 한 고비 넘겼다는 간호사의 말에 턱에 닿던 가슴이 내려앉는다. 무엇이 두려워 침이 말랐을까. 누구에게나 닥칠 일인데, 아니 '나에게도 저런 순간이 정말 닥친다는 말인가.' 부정하고 싶은 마음에 창가로 돌아섰다.

가지 끝에 매달린 쪼그라진 나뭇잎이 바람에게 앙탈을 부린다. 떨어지지 않으려는 듯이. 알 수 없는 긴 한숨을 푹 토한다. 침이 고이기 시작했다. 고인 침이 씁쓸해 커피사탕 한 알을 입에 넣었다. 달콤함이 퍼졌다.

내가 생겼을 때, 내 부모님의 사랑도 이렇게 달콤했을까. 부모님께 이 세상에 나를 낳아 달란 부탁을 안 했는데, 이렇게 땅덩어리에 툭 떨어져서 살고 있다. 이 땅덩어리가 해를 몇 바퀴 돌았는지, 나도 덩달아 반백 년을 넘게 돌았다. 많이 돌았다. 몸이 굴러가니 어지러워서 정신이 나갔나 보다. 끝없이 영원할 줄 알았다.

'이왕이면 균형 잘 잡힌 미인으로 태어나게 해주시지' 하는 원망을 가슴에 품었는데 그것도 안 되고 노력을 해도 뜻대로 안 되니, 세상이 너무 묘했다. 그 묘함을 알아보자는 뜻에서 날개를 달고 이산저산 골짜기를 날아다니는 꿈을 많이 꿨다.

한적한 시골에서 근무할 때다. 시골길을 걷다가 소달구지에 엉덩이를 척 걸치고 출근할 때가 있었다. 가던 소가 멈춰서 엉거주춤한 자세로 뒤를 본다. 배설물이 흙길 위에 부침개 모양으로 둥글게 자리 잡는다. 그 배설물에서 허연 김이 위로 오르다 보이지 않는다.

사라진 것이다.

둥근 배설물은 달구지 바퀴와 닮아 둥글다. 해도 지구도 둥글다. 둥글어서 돌기 좋다. 그래서 저절로 돈다. 돌면서 알 수 없는 우주의 긴 시간의 끝을 향해 달려간다. 나도 덩달아 돌며 달려간다. 그때 배설물에 오르던 김을 내 일생에 대입代入한다. 아무 흔적 없이 사라지는 생이 되고 있음을.

너무 더딘 마음

"이놈의 날씨가 왜 이리 속을 썩여."

날씨를 탓하는 사람에게 나는 "무어가 잘나서 하늘에 대고 불평이냐."라고 투덜댔다. 무엇이 분한지 씩씩대며 구두를 신으면서도 '으이으이' 대다 문을 열고 나간다. 내 입에서도 '으이으이' 하는 소리가 나왔다. 그 성깔에 대고 하는 소리인지 꾸물대는 날씨를 탓하는 것인지 마음이 상했다.

요즘 들어 나는 유별나게 '마음' 이란 말이 애틋하게 들린다. 세월의 바퀴를 너무 오래 탄 탓일까. 두 손으로 소중히 감싸고 싶고, 다칠세라 조심스럽게 살살 보살피려고 한다. 형체는 없지만 사람 몸 어딘가에 분명히 존재한다. 그 마음은 어디에 머물까. '머릿속' 아니면 '가슴속' 일까. G.C.리히텐베르크는 "사람은 조끼의 네 번째 단추보다 훨씬 아래쪽에 있다."라고 했는데 어느 땐 손에도, 다리에도, 입과 가슴에 마구 돌아다닌다.

나는 마음이 '가슴에 있다' 고 할 거다. 머릿속에 있다면, 차가운 이성이 요리조리 분석하고 따져서 정情없는 삭막한 세상을 만들 것이니 싫고, 손과 발과 입은 마음이 시켜서 행동을 하니 가슴속에 있는 것이 최적이다. 조금 출렁거려 정신없는 사람이 될 수도 있지만, 그래도 그쪽이 재미있어 좋다. 재미있는 삶, 아니 삶을 재미로 엮어보는 마음의 지혜가 나오는 삶, 그 삶이 필요한 것 같다.

신문에서 보았다. 머리에 좌뇌 우뇌가 있어 감성과 이성을 담당한다고. 또 세상사 '마음먹기 나름이라' 니 마음을 먹었으면 위와 장에 있을까. 그래서 욕심 많은 놀부의 마음을 '심보' 라 하는 건가. 내 마음을 심보로 만들기는 싫다.

문장 사전에서 '마음' 이란 말을 찾아보았다. 마음은 사람이 하늘로부터 얻어 몸에 주장이 되어 이理와 기氣가 묘하게 합하여 허령虛

靈하고 통철洞徹하여 신명神明의 집이 된 뒤에 정情 성性을 통할統轄하니 이른바 명덕明德이란 것이 되어 중리衆理를 갖추고 만사에 응하는 것이라 했다. 그런데 기품의 구애되는 것과 물욕의 가리는 것으로 인해 그 용用의 발發하는 것이 때로는 어두워지는 것이 있으니 배우는 자가 마땅히 경敬으로 안을 곧게 하여 어두운 것을 없애고 그 밝은 것을 회복해야 한다고 했다.

권근權近의 입학도설入學陶說에 나온다. 첫머리에 마음은 '사람이 하늘로부터 얻어서라.' 고 했고 중간에 '명덕이란 것이 되었다.' 고 했다. 명덕은 '더럽히지 않은 본디 천성이다.' 라고 하니 마음은 하늘에서 받은 것이다. 마음은 하늘이 고향이고, 인간에게 왔다가 잠잘 때는 하늘로 가고, 죽을 때는 혼으로 바뀌어 몸과 이별하나 보다. 여기 왔다 저기 갔다 주책없이 굴어 마음은 '얄궂은 존재' 라고 말하고 싶다.

동지가 지났다. 해가 조금씩 일찍 뜰 것이라 생각하니 희미한 즐거움이 방안에 스며들어 미소微笑가 나온다. 봄과 꽃이 연상되고, 어둡고 긴 밤에 불면으로 시달리는 괴로움이 없어지니 그럴 것이다. 또 노인의 불면은 '오래 살았으니 마음을 조용히 들여다보라' 는 하늘의 메시지로 생각한다면, 함소가 아닌 실소失笑가 나올 것이다. 이제는 반듯한 마음을 지녀 하늘에 가야 하니까.

길들어진 습관에 따라 눈을 감고 창을 통해 들어오는 여명黎明의 밝기를 감지한다. 어제보다 어둡다. 분명 '지나간 동지가 되돌아올 리는 없는데' 하고 문 열고 밖을 보니 어둑새벽이 꾸물거린다. "뭣이 찡이가 오것구만." 하는 노인의 힘 빠진 소리가 들린다.

계속해서 흐린 날, 햇볕 없이 며칠을 보냈다. 햇살이 보고 싶다. 어두움이 싫어 집안의 전등을 모두 켰다. 그래도 시원치 않고 짜증이 빠글거린다. 나는 주문처럼 가슴께 마음에다 주절거린다. '진정하라고' 그래도 안 돼 눈을 감고 머리 쪽에다 "왜 이리 짜증이 나냐."라고 고개를 들고 소리쳤다. 머릿속이 이성理性을 담낭하고 있다는 생각에서다. 곁에 있던 짝이 "머릿속이 아니고 방 천정만 보이지."라고 놀린다. 내린 눈이 얼지 않았으니 나가보라고 한다.

며칠째 외출이 없던 터라, 밝은 색으로 차려입고 길을 나섰다. 하늘에는 먹장구름이 쫙 깔렸다. 고개를 뒤로 젖히고 하늘을 보았다. 하늘 가득 눈발이 꽉 차 일렁거린다. 감기 때문인지 코가 막혀 입이 벌어졌다. 그 입속으로 눈이 한들거리며 마구 들어온다. 상큼했다. 빠글대며 쪼그라진 가슴속이 넓어지는 듯 시원하다. 그 순간 나도 모르게 어린아이같이 흰 눈이 소복소복 내리는 동요를 흥얼댔다. 나풀나풀, 한들한들, 일렁일렁 분분히 내리는 눈을 넋 놓고 보고 있으니 넓어진 가슴도 따라 움직인다. 허벅지도 흔들린다. 마음도 덩달아 좋아서 달뜬다. 숨을 크게 들이쉬고 길게 뿜어낸다. 혹시 조울증인가 하다가, 한바탕 눈하고 놀이를 한 것으로 여겼다. 가벼운 마음으로 백화점을 한 바퀴 돌다 카드를 해지하고 돌아왔다. 몸을 움직이니 마음이 좋아라 한다. 집에 오니 짝이 보던 앨범만 반긴다.

어느 날, 직장에서 첫 부임한 남자를 본 순간 몸에서 무엇이 빠져나가는 것 같은 느낌, 아니 무엇이 옮겨가는 듯했다. 분명 내 의지가 아닌 내가 어떤 힘에 의해 끌려갔다. 멍청했다. 그리고 가슴이 뭉클하며 '으음' 소리가 내 귀에 들렸었다. 지금 생각하니 내 가슴에 있는 마음이 움직였던 것이다. 내 마음의 존재를 이렇게 늦게 알았으니. 그런 마음이 부유한 자제의 청혼도 물리치고 어려운 살림, 많은 시댁집 식구들의 갈등, 초가집 등 가난한 살림을 이끌게 했다. 경상도 남존여비의 풍습도 이겨 냈다. 그 마음에 참을 '인' 자를 담아 지금까지 살아오고 있다.

한편으로는 내 마음을 인忍자로 너무 누르고 살아 내가 나를 학대했다는 기분까지 든다. 불쌍하고 미안했다. 어느 때는 그 마음을 쌀까부는 키로 날리려고 했지만, 앞으로의 남은 세월은 조금 미치광이 짓을 해도 마음이 하자는 쪽으로 살고 싶다. 마음이 얄궂어도 지혜를 찾아 온전하게 만들 것이다.

내 마음의 행보는 왜 이리 더딘지….

사랑

하늘과 땅 사이에 천둥벼락이 '번쩍' '우르릉 쾅쾅' 요란스레 요동칩니다. 그때 생기는 온도가 무려 '3만도' 라고 합니다.(8월 21일 일기예보에서) 무엇이나 다 녹여버리는 온도죠. 뼈도, 살도, 응어리진 한도, 멍도, 돌도, 쇠붙이도 다 흐물흐물 녹아지죠. 그런 것이, 사랑의 모습이라면 어떨까요. 한때는 그런 뜨거운 사랑을 해 봤으면 하는 때도 있었답니다.

하늘의 그런 사랑에, 덩달아 세상만물들이 사랑의 눈을 번쩍 뜨는 것 같습니다. 우주공간에 깃든 모든 것들이 들떠서 요동을 치면 땅 위의 것도, 바다의 생물도 놀라 뒤섞입니다. 열매도 달리고 바다의 먹이도 풍성해지고요. 그 넓은 공간에서 그렇게 놀랍고 뜨겁고 큰 소리로 사랑을 하는데 사람들은 그것도 모르고 무섭다고만 하네요. 우주가 '큰 사랑덩어리' 인지 모르나 봐요. 나만 이렇게 느껴지는 걸까요. 아니, 나이듦에서 오는걸까요.

이른 봄, 영동 할매의 매서운 바람이 옷 속으로 파고듭니다. 뼛속이 시려서 "바람아 나는 네가 싫어." 라고 앙탈을 부리다 속 깊게 관감觀感하면, 바람이 졸고 있는 산천초목에게 '어서 깨어나 사랑을 하라.' 고 덤불속을 헤치면서 지나갑니다. 초목들이 화들짝 놀라 눈을 뜨면, 얌전한 봄비가 조용히 뿌려집니다. 마른 땅도 촉촉해집니다. 연약한 새싹들이 기氣를 담뿍 품고, 땅을 파헤치고 고개를 듭니다. 포근한 햇살의 알갱이들이 땅 위에 무수히 쏟아집니다. 봄날의 사랑은 이렇게 시작되나 봅니다.

사람들은 사랑을 어떻게 생각할까요. '예쁘고 보드랍고 달콤하고 멋지다' 고요? 나도 그렇게 생각했는데, '그게 아니다' 라고요. 사랑의 속은 복잡하고 무진장 넓고 깊어 곤붕의 날갯짓의 크기를 사람이 헤아릴 수 없듯이, 너무 많은 것이 들어있어 모르겠더라고요. 사랑은 어디에서 생기는지, 나도 몰래 찾아오는데 의무라는 것이 바짝 붙고, 시기, 질투, 미움, 살생까지 섞이고 밀고 당김도 재간 부리고. 거기에다 맵고 쓰고 질려버리는 것은 화수분이고. 달콤새콤함은 병아리 눈물만큼이나 쪼금이고, 구질구질한 것, 추한 것도 곁다리 붙어 성가십니다. 그래서 현대는 독신이 많아지나 생각되네요. 바보스럽게, 이런 것들을 하나하나씩 만나다 보니 머리 위로 백로白露가 내렸네요. 서글픔이 눈앞에서 어른대지만, 조금은 내가 나를 알아간다는 것에 위안이 됩니다.

나는 혼자서 걷기를 좋아하게 되었습니다. 어떻게 생각하면, 청승 떠는 행동일까요. 위험하게 여자 혼자 산을 찾는 것이 제 정신이 아니란 말을 듣던 때, 등산을 했으니까요. 지금은 힐링 차원이지만 나는 산이 좋았어요. 그 단련이 지금의 건강을 지켜주었는지 모르겠어요. 또 나무도, 바위, 들풀, 꽃들도 좋아했어요. 그들을 보면, 사람 사이에서 생겨난 미움이나 원망 시샘이 없어지고 나만의 마음이 됩니다. 자연에 호기심도 생기고, 또 무엇을 이뤄 보겠다는 야심도 품게 되었고, 감정을 수습하여 마음을 다독이는 것도 알게 되면서 즐거움이 느껴지고 조절이 안 되는 의욕도 살피고요.

전쟁 끄트머리에서 태어나 산다는 것의 잔뿌리가 줄기를 곧추세울 무렵 다시 한국 전쟁을 만났어요. 그때의 삶은 배고픔이었어요. 배가 부르면 족했지요. 그러다 꿈을 키우는 나무가 되고 싶어 나무의 뿌리를 계속 땅속으로 뻗어나갔어요. 어엿한 여인의 나무가 되었어요. 그 나무는 자연이 주는 푸근한 사랑을 받고 자식이란 열매를 맺었습니다. 그 열매들을 키우면서 차츰 배고픔 너머에 다른 세상이 있음을 알게 됐어요. 사람은 다 다르다는 것도요. 혼자서는 살 수 없고 살다보니 우주같이 깊고 넓은 품을 지녀야 살아갈 수 있다는 것도요. 계속 땅속으로 뻗어나간 뿌리는 포근한 흙을 만나면 살기가 수월했고 단단한 바위를 만나면 바위를 뚫다 지쳐 에돌아가야 한다는 것도 알아지고요.

선인들의 글 속에서도 많이 배웠습니다. 「장자 삶의 즐거운」에서 인간을 제약하는 두 가지 요소는 '시간과 공간' 이라 하더군요. 곤붕이 한 번 날았다 하면 하늘을 가르고 구만 리를 휘휘 날아다닌다니, 곤붕의 천지는 얼마나 넓은지 인간의 머리로는 상상을 못한다고 하던데, 그 공간보다 더 넓은 것이 사람의 마음이라고 빅톨 유고는 말했답니다. 그 마음속에 무엇이 채워지지 않아 그렇게 허虛했나봐요. 길다면 긴 세월을, 어떻게 보낼지 답답했습니다. 또 앞으로 가기만 하는 시간을 붙잡을 수 없다는 것도 마음속에 넣고, 때가 되면 어둠을 향해 간다는 것도 넣고.

소요유의 '조균부지회삭朝菌不知晦朔', '혜고부지춘추蟪蛄不知春秋'에는 아침에 돋아났다 그냥 스러지는 조균 버섯은 해가 뜨고 해가 지는 것을 알지 못하고, 하루살이와 딱정벌레는 봄과 가을을 알지 못한다고 했어요. 그러면 그들은 때를 모르니 행복했을까요. 그들과 소통이 없어 잘 모르지만, 생의 유한함을 알고 있는 인간은 무엇을 마음에 담고 살아야 할까요. 행복을요? 행복이 그냥 오나요. 아니죠. '어떻게 하면 행복해질까요'를 고민했답니다. 그 넓고 깊은 마음속에 무엇을 채워야 행복한 마음으로 살게 될까요. 물질적인 것도, 그보다 정신적인 것이 더 많아야 될 겁니다.

지인을 따라 장례식에 갔다가 염하는 것을 보았어요. 신기하게도 두 노인이 세 시간 간격으로 유명을 달리했대요. 두 노인은 처와 첩 사이고, 그 처를 사람들이 '집게' 라고 놀렸대요. 형님이 집안에서 첩을 볼 때마다 목 얼굴 팔 엉덩이 허리 허벅지를 닥치는 대로 꼬집었대요. 시퍼렇게 멍 든 상태로 집안일을 하고 밤에는 영감의 수청을 들었대요. 어느 날 아침 안방으로 건너간 영감의 호통소리가 온 집안에 천둥벼락 치듯 울렸대요. 아침밥을 하던 첩은 얼른 안방에 뛰어 들어가서 무릎을 끓고 "아이구 형님, 죄송해요." 하면서 울고 있는 형님의 눈물을 닦아 줬대요. 화가 난 형님은 오히려 눈물 닦아 주는 첩의 머리채를 잡고 긴 담뱃대로 쳤대요. 영감은 두 여인을 뜯어말리다가 쓰러져 죽고 가난으로 팔려온 첩이 보따리를 싸니, 형님이 "너도 내 입장 되면 날 팼을 거야."라고 중얼대며 보따리를 빼앗아 엉덩이 밑에 깔고 앉아, 첩에게 두 손을 모아 빌었대요.

"내가 잘못 했어. 용서하게. 어디서 미움이 날아와 자네를 때렸네. 지금은 미움이 도망을 갔어."하면서 첩의 손을 잡으니 갈 곳 없는 첩은 눈을 감은 채 있다가, 하룻밤 지내고 "그래요, 형님이나 나나 외로워졌는데 그냥 살지요."하면서 정겹게 살았대요. 너무 사이가 좋아 같은 날에 죽었다고 해요. 아마 정이 든 사랑일 겁니다. 더 묘한 것은 두 여인의 다문 입 양 끝이 늙었으면서도 아래로 처지지 않았다는 것입니다.

첩은 그렇게 요동치는 삶을 살았으니, 아마 고통을 곱씹고 녹여서 삶을 재미로 둔갑시켜 즐겼으리라 믿고 싶어요. 그 과정을 깨닫다보니, 나의 삶을 그려 보고 싶었어요. 그리다 보니 재미가 솔솔 풍겨 마음속에 달콤하고 향긋한 것이 가득 차면서 입 끝 양쪽이 저절로 올라갔어요.

무미건조한 삶보다 요동치는 삶에서 재미를 찾고 용서도 찾으면, 그 이상 무엇을 바라겠습니까. 사랑에서 용서가 따라와 마음속에 담아지네요. 음식으로 치면 음식 주재료의 맛을 살리는 것이 기본이듯 사람의 기본은 사랑일 겁니다. 많은 것을 품은 사랑을 담으면 삶이 재미가 있어질 겁니다.

순명의 그리움

무더운 여름 고무신을 신고 학교에 다닐 때면 발에 땀이 난다. 땀이 나면 고무신 바닥이 미끈거려 벗겨진다. 조금 가다 신을 벗어 들고 맨발로 흙을 밟는다. 족장足掌이 시원해진다. 입자가 고운 땅을 밟으면 반드러운 촉감이 좋아 깡충거리며 제자리 뛰기를 했다. 친구들과 깔깔거리면서.

나는 흙과 짚을 넣어 벽을 만든 흙집에서 살았다. 부엌 바닥도 흙이다. 흙과 친하게 살았다는 느낌이 든다. 학교에 가는 길에는 흙이 지천이다. 지천이라 귀한 줄 몰랐다.

가끔 절에 가면 대웅전 흙마당에 비질무늬가 나 있다. 그 마당에서 보면 마음이 푸근해지고 뭔지 모르는 그리움이 머리 위로 서린다. 나를 낳은 혼이 그 절에 모셔져서일까. 흙으로 만들어진 '나' 라는 인간이라서 그럴까.

봄에 시골 넓은 들판에 서서 땅 위에 조용히 내리는 빗소리를 들은 적이 있다. 흙들도 만족스러운지 내리는 비를 모조리 받아 땅속으로 스며들게 한다. 땅속에 있는 생명들을 키울 성정 때문일 거다. 흙과 비의 성정들.

고등학교를 마칠 때까지 마을이 내려다보이는 언덕 위에서 살았다. 언덕길은 꼬불거리는 흙길이다. 오르다 보면 숨이 차서 쉬게 된다. 저절로 아래를 내려다보게 된다. 집들이 옹기종기 모여 있고, 그 속에 있는 사람들의 사는 모습을 그려 보곤 했다. 졸업 무렵 어느 날, 흘러가는 세월에서 내 인생이 어느 지점에 왔다는 생각에 머물렀다.

잠시 넋을 놓고 마을을 내려다보다 문득 창조설화가 떠올랐다. 흙으로 사람 모습을 빚고 생명의 입김을 불어 넣었다는 것이, 어렴풋이 사실일 거라는 생각이 들었다. 그 입김으로 사람들은 자신들이

원했거나 아니거나, 그렇게 태어나서 '열성 우성이 합쳐져 자손을 낳고 마을을 이루며 사는구나' 했다.

그 입김은 언덕 이쪽 밭에서도 볼 수 있다. 마늘 보리 수수 조 등 채소가 자라는 밭에서도 생명체들은 햇볕을 받으며 흙속에 뿌리를 박고 크고 있다. 지금도 여전히 배추밭에서 배추가 자라듯이 짙푸른 녹색을 뿜어낸다. 그 언덕 뒤 나무들의 거무스레한 숲에서도 그 입김을 보았다. 숲을 아우르는 길에서도.

그 숲길은 아버지의 귀갓길 내가 마중 가던 길이다. 검은 나무 숲들이 많은 저쪽에, 숲속에 나무줄기들이 모두 하얗다. "나무줄기가 왜 하얀색이냐."고 아버지께 물으니 "원래 그렇게 생긴 것"이라 했다. 그 뜻이 아리송했고 나무 이름도 몰랐다. 그 나무가 자작나무였고, 자작나무의 어원은 '그리움'이다. 자작나무들의 군상群像을 키워내는 데도 흙이 필요함을 알았다. 흙에 근원을 두지 않은 나무들은 살 수가 없다는 것을 늦게야 알았다. 세상의 만물들은 다 제각각 순명을 품고 있다는 것도. 나무는 나무로서, 흙은 흙으로서의 순명.

자녀들이 떠난 후 거처를 옮길 때 뒷산이 있는 이곳을 택했다. 깊은 산은 아니다. 하얀 자작나무 숲이 북쪽으로 조금 보였다. 쪽빛 하늘과 자작나무 숲의 어울림이 좋았다. 그 숲을 가까이 보려고 맑은 날에 산길로 나섰다. 숲이 가까워질수록 추위에 시린 눈이 간잔지런히 떠진다. 자연의 조화에 눈물이 핑 돈다. 흙을 밟지 않고 천상에 서 있는 착각과 비행기를 탄 기분. "이렇게 아름다울 수가 있을까." 혼자 말했다. 눈물까지 난다면 과장일까.

용평에서 케이블카를 타고서 자작나무 숲을 보았고, 인제에도 이 자작나무 숲이 있다고 들었다. 가을이니 여름 내내 나뭇가지에 매달려 바람에 춤추던 잎들을 모두 떨구고 가지들끼리 모여 바람과 함께 웅성거린다. '잎이 싫어서 떨구지 않고, 내 생명의 뿌리를 지키려 했다.' 고.

멈춘 걸음을 조금 옮기면 아카시아나무 숲에 다다른다. 초여름에 등꽃 같은 백색의 꽃이 총상總狀으로 핀다. 아카시아꽃이 필 때면 운동회 때 일이 떠오른다. 운동장 가에 심어둔 아카시아 향기에 정신이 팔려 달리기 경기에서 꼴찌를 한 일이다. 바람 불면 향기는 멀리까지 퍼져 열린 아파트 베란다 문으로 들어와 우울했던 기분을 날려버린다. 꿀벌들은 붕붕거리며 꿀을 나르니, 꿀벌들의 순명도 그렇고 꿀을 먹으면 은연중에 고마운 마음이 든다. 그래서 옛날 사람들은 나무에게 절을 했나 보다. 그 나무의 성정性情인 줄도 모르고.

조금 더 가면 키 큰 갈참나무 숲에 들어선다. 날랜 다람쥐들이 오르락내리락 하는 나무다. 내복의 쌍방울표들이 가을이 되면 나뭇가지에 수도 없이 매달린다. 그 갈참나무는 영물에 속한다고 한다. 흉년이 들라치면 그 낌새를 알아차리고 도토리를 많이 열어 백성들로 하여금 도토리묵이라도 많이 먹게 한단다. 쌀 풍년과 도토리 풍년이 갈마들이 한다고 한다. 도토리묵은 건강식품이다. 몸속에 중금속을 빼낸다고 한다. 도토리를 가만히 놓고 보면 남들은 '그까짓거' 할지 모르겠지만 나는 도토리 모양이 예뻐서 입술을 대고 싶다. 자연물 하나하나에 고개가 숙여진다.

겨울나무 곁을 돌면서 잎 떨어진 가지 끝을 꺾어본다. 물기가 없다. 바싹 말라있지도 않다. 물기가 많으면, 겨울 추위에 가지가 얼어 죽을 것을 염려해 흙속 뿌리로 물기를 내려 보낸다는 것이다. 흙과 나무들의 긴밀한 관계가 눈에 보인다. 흙은 모든 생명을 품고 있다가 봄에 다시 길러 내며 모든 더러움을 덮어 품는다.

나는 산을 가만가만 내려오며 종의 순명順命들을 생각한다. 먹은 떡국 수가 늘어나면서 그 입김의 내림과 받아지는 것의 순환을 깨닫는다.

해질녘 아버지와 거닐던 옛 숲길에서 들었던 '원래 그렇게 생겼다.' 라는 말대로 만물들이 처음 그렇게 생긴 대로 살고 있는데 사람들이 잇속을 따지고 욕심을 부리다 보니, 중금속의 해로움도 제초제의 위험도 따라온다. 순수한 종에 그리움이 서린다.

혼자의 그림자

일생을 살면서 사람은 삶의 파도를 만나게 된다. 미망迷妄해서 파도의 느낌을 모르고 지낼 수도 있고 격랑의 흔들림을 겪고 난 후에야 무언가 깨달아 지혜를 찾아서 세상을 행복하게 살 수 있다고 본다. 사람은 본래 외로운 존재라는 말을 책에서 읽고 '나는' 하면서 잠시 생각을 가다듬었다.

> 소나무는 쓸쓸히 서 있다.
> 북극의 차가운 산 위에
> 소나무는 잠자고 있다.
> 하얀 눈과 얼음에 덮여

소나무는 꿈꾼다, 사자수를.
머언 동방의 나라 그 사자수는
타는 듯 끓는 절벽에
말도 없이 쓸쓸히 슬퍼하고 있다.

– H 하이네 「소나무는 쓸쓸히」

이 시가 그려지는 그림에 높이 뜬 달을 척 걸쳐 놓는다고 상상하면 어떨까.

어릴 때, 저녁에 평상에서 놀다가 휘영청 밝은 달을 우연히 보았다. 달빛이 어찌나 밝았는지 동생 얼굴에 난 잔잔한 주근깨도 보였다. 동생에게 '깨보쟁이' 라고 놀리니 울음보가 터졌다. 못 들은 척 방에 가서 가방을 들고 나오니 '잉잉' 대며 나를 따라 책을 들고 나왔다. 울음 끝은 여전했다. 책상에 앉아 숙제를 했다. 동생도 나 따라 책을 펴고 '잉잉' 의 음정과 박자로 읽으니 '아버지 가방에 들어가신다.' 로 들렸다. 나의 '쿡' 하는 웃음과 함께 아버지의 '어허' 로 울음

꼬리가 잘렸다. 한바탕 크게 웃으며 하늘을 보았다. 달이 아주 높이 떠서 나를 보고 있다. '달은 왜 혼자일까.' 또, 참 교교皎皎하다는 느낌에 그 달속으로 빨려 들어가는 기분이었다. 교교하고 '혼자' 라는 달의 느낌이 좋아 하이네의 시가 가슴으로 들어왔는지 모르겠다.

사람은 자신도 모르는 사이에 외로움이 찾아오나 보다. 외로워서 핑크빛 연애와 결혼을 하나 보다. 살다 보면 각박한 놈의 현실이 핑크빛의 꿈을 날려 보낸다. 환상은 깨지고 자식들이 고물고물 한다. 먹이고 입히고 키우다 보면 땅 위로 굴러가는 가정이라는 울타리가 된다. 그 울타리 속에서 웃고 우는 세월을 보낸다. 굴러가는 울타리 속에서 새 울타리가 탄생해 굴러나간다. 헌 울타리가 구르다 보면 찌그러지고 구부러들기도 한다.

인간은 원래 홀로라는 것을 늦게서야 깨닫고, 소나무를 보려고 길을 나섰다. 울진에 간다는 문화유산답사팀에 등록을 하고 시간 맞춰 집결지로 갔다. 버스에 올라 빈자리에 앉았다. 낯선 사람들이라 심심할까 했지만 마음은 편했다. 곁에 사람이 있으면 숨소리, 몸이 닿는 게 싫었다. 외로움은 자유로움을 대신한다는 생각이 들었다. 새털 같은 가벼운 기분, 날씨까지 쾌청해 가슴까지 환해져 더운 날씨지만 시원했다. 낯설어 불편하다는 느낌은 조금도 없었다.

이태리 로마에 갔을 때 소나무 가로수를 보았다. 가지를 늘어트리지 않고 우산모양으로 전지를 해 놓았다. 가이드에게 이유를 물은즉 연인들이 소나기를 만나면 우산소나무 아래서 다정한 모습도 보이고 비도 피하라는 뜻에서 했단다. 믿거나 말거나 인지….

동요에 '빨간 우산 검정우산 찢어진 우산/ 좁다란 학교 길에 /우산 세 개가 /이마를 마주 대며 걸어갑니다' 란 노래는 왜인지 정다움이 뿜어난다. 나는 그런 정다움이 그리웠다.

70년대, 넉넉한 살림도 아니고 지금처럼 우산이 많은 때가 아닌 귀한 때였다. 남편과 우산을 따로 쓰기를 확고히 고집하는 일이 생겼다. 나는 기가 막혔다. 남녀의 우산 속은 정겨움의 표정이 아닌가. 또 그 우산 속에서 많은 사랑의 싹이 맺어지지 않던가. 또 '내가 우산이 되어 주리라' 란 노래도 있는데 왜일까 하면서 나는 어두운 쪽 상상의 나래를 폈다. ‘정 없는 우산 속’ 이던가. 바로 따지고 성질을 부리지 못해 꽁한 마음으로 살았다. 엄마 노릇 충실히 하다 보니 세월이 잘 갔다.

소나무가 많다는 울진에 가서 불영사에 도착했다. 불영사를 지을 때 절터에 머물던 용들이 도사의 경으로 물러나면서 돌부처 하나를 가져가다가 절 맞은편 산에 놓고 갔다고 했다. 그 돌부처의 모습이 절 앞에 있는 연못에 비추어 비경을 자아내고 있다. 수면 위로 비춰지는 돌부처의 모습이 아련하고 쓸쓸해 보였다. 아홉 마리의 용들이 서로 엉겨서 놀던 공간을 애석하게 여기는 듯했다. 나는 연못 앞에 버티고 서서 바람결에 둥글게 흔들리는 물이랑에 비친 돌부처의 모습을 망연히 보았다. 그 물이랑 속에 나도 도는 듯했다.

일행들의 움직임을 느껴 따라 갔을 때 마침 절 옆에 마음에 드는 소나무가 보였다. 사진기를 꺼내다 그만 돌바닥에 떨어뜨렸다. 화면에 금이 생겨 소나무를 찍기도 전에 접어야 했다. 첫 시도에 마가 꼈다는 엉뚱한 생각이 엄습해 나 자신을 ‘한심하다’ 여겼다. 무언가 잘못 되었다는 생각이 들었다. 꽁할 문제가 아니라 정이 너무 깊고 많으면 지겹다는 생각이 들 거란 느낌이다. 동네 어귀에 매일 같이 붙어사는 약사부인의 말과 퇴직으로 매일 삼식을 해 댄다는 옆집 여자의 지겹다는 말이 생각났다. 이런 상황에 처하게 되는 것이 사람인 것 같다. 너무 늦게 깨달아 옹졸하게 살았음을 억울해 했지만 달리 그 세월의 보상을 찾을 수 없어 이리저리 뒤척이는 밤을 보냈다.

그 날도 달빛이 유난히 밝았는데 창밖에 소나무 가지가 너울너울 춤을 추었다. 바람에 춤을 추니 소나무의 쓸쓸함을 바람이 달래준다는 생각이 들었다. 달이 나서서 바람과 소나무가 어울려 춤을 추게 하는 것이라고 억측을 해본다. 달빛 없는 밤이었으면 춤을 추는 소나무를 못 보았을 것이다. 하이네의 시에서 절벽에 서 있는 소나무도 바람이 불면 멋있게 춤을 추어 쓸쓸하지도, 불쌍하지도 않을 것이다. 바람이 가면 외로울 것이고.

부부의 삶이 한몸이라 붙어 있어야만 하는 것이 진리인 양 내려

오던 관습에 답답함을 느낀다. 거리 유지가 필요하다. 주말 부부처럼 사는 것도 좋다는 생각을 한다. 아무리 소나무와 바람이 깊은 인연이라도 바람은 계속해서 불지 않으니까. 세상사 무상無常함을 알았다. 고물고물 했으니까 외로움이 찾아오나 보다.

한조자 수필집

창공에 그리다

4
누가 있을까

꿈

내리막 오르막

누가 있을까

둘의 그림자

뒤에서 부는 바람

힘

꿈

내 꿈은 하늘에 떠있는 구름처럼 자꾸 변했다. 또 한 곳에 머물지 않고 유유히 떠다니다 흑색 구름과 함께 바람이 몰아쳐 비로 변한 때도 많았다. 꿈은 또 나이에 따라 자꾸 변했다. 못해 본 꿈이 가슴 속에 차곡차곡 쌓이기도 했었다. 옹골찬 야심마저 없어 그냥 평범한 주부로 인생을 '다다다' 하며 쓰러질 줄 알았다. 책임이 따르는 2남 1녀를 키워 결혼시키고 나니, 허깨비 세월을 보냈다는 자괴감에 빠졌다. 이대로 늙을 것인가 하는 공산公算이 앞세워졌다.

큰일을 치를 만반의 준비를 다 해놓고 나른해진 몸으로 마루에서 잠깐 쉬었다. 북한산 인수봉이 우람차게 보였다. 언제나 봐도 힘이 솟는 기상이다. 그 기상에 주눅이 들 때도 있고, 그 주눅을 펴서 나의 꿈을 펼쳐 솟아보겠다는 때도 있었다.

'내 꿈이 무엇이더라?' 나 자신에게 물었다. 하고 싶은 게 너무 많았다. 꿈이 있었는데 꿈을 펼칠 수 없는 핑계를 대곤 했다. 그런데 그 공산을 뒤엎을 일이 생겼다. 집안에 큰일이 있은 후 가족의 대화가 오고가던 중이었다.

"엄마는 알지도 못하면서 나서느냐, 휙휙 돌아가는 이 세상에서 뭘 할 수 있는데…." 하는 말이 들렸다. 가슴에 비수가 꽂힌 소리다. 힘 들어간 눈으로 말한 임자를 노려보다가 이 일은 '내 탓이다.' 란 생각에 가슴을 쓸어내리며 눈을 돌렸다.

그런 일이 있고 나서, 나는 나를 위한 나의 날을 정했다. 일주일에 한 번 집안일을 멈추 나를 위해 실천하는 길로 들어섰다. 영화관, 박물관, 큰 책방, 전시장을 관람했다. 작품들을 보면 작가에게 부러운 마음이 들어 나도 해보고 싶다는 꿈을 갖게 되었다. 특히 우리나라의 민화에 매력을 느꼈다. 민화의 대가에게 사사를 못하고 구청문화원에 다니면서 배웠다. 잘하는 사람을 따라가려고 애를 쓸

때도 있지만 좀 못해도 연연해하지 않았다. 하고 싶다는데 꿈을 두게 되니 그에 따르는 일들이 많이 생긴다.

작품을 할 때는 마음부터 정리한다. 안정된 마음으로 몰두하면 마음에 드는 작품이 생긴다. 그렇게 하다보면 우울증이나 나르시시즘에 빠지는 일도 없다. 친구끼리 수다를 떨다가 상실감에 빠져 허우적일 때도 있는데, 그런 일이 안 생겨서 좋다. 이런저런 불쾌한 일이 없으니 건강 유지에 참 좋다.

민화작품을 완성해 소반도 만들고, 부채 족자 가리개도 만들어 다른 가족에게 나누어 주니 떠나간 가족 모두가 서로 좋아하며 나를 부러운 듯 본다. 선물로 주었다는 흐뭇한 행복에 취해 보기도 한다. 눈에 힘을 주어 노려보던 가족에게 오히려 감사함을 느껴 작품 하나를 더 챙겨주게 되었다. 꿈을 갖는 것이 참 좋다.

내리막 오르막

짜증은 내어서 무엇 하나, 강짜를 부려서-니나노-닐니리야-

라디오에서 간드러지게 흘러나온다. '간드러지다' 란 말과 '머리가 나쁘면 몸이 고생' '떡 못 치는 이 암반만 나무란다' 의 말을 마음속에 두고 곱씹는다. 사람 눈이 겉에 달려서 속마음은 알아보지 못하고, 남의 탓만 하고 산 나는 답답한 인생에다 애교까지 없고 보니.

5월의 어느 상큼한 봄날, 하얀 드레스를 입고 만인들의 눈길을 받고 섰다. 주례사가 귓속에 들어오지 않았다. '사랑하겠느뇨와 순종하겠느뇨' 의 미래지향적인 맹서의 다짐을 받았다는 추측밖에 없었다. 마음이 붕 떠서 '내가 달나라에서 왔나' 했다.

그날 이후 삶은 널을 뛰었다. 대가족의 종갓집 큰며느리로. 나 혼자만의 생각인지 모르겠으나 아무리 긍정적인 마음을 삼태기로 갖다 부어 상대편을 이해하려고 해도 그날 '사랑'의 맹서는 3개월 만에 꽁지를 내렸다. 나도 순종의 꽁지를 감추고 고개를 바짝 추켜세웠다. 그럴 때마다 오케스트라의 심벌즈가 '챵' 하고 부딪쳤다. 고개를 추켜세운 내 눈이 상대편 칼날 같은 눈에 쫓기어 고개가 아래로 향하고 말았다. 그것이 버릇 되어 순종의 생명은 굴종이 되어 길어지면서 50년의 세월이 이어져 내려오고 있다.

내리막인 사랑의 꽁지와 한없이 오르막을 치닫고 있는 애교 없는 굴종이 머리가 나쁘다거나 암반만 나무라는 탓으로 살아왔는데 어느 날, 어쩌다가 "내 컴퓨터가 있었으면" 했다. "한집에 두 대씩이나 무어가 필요해" 였다. 내 마음대로 쓰고 싶을 때, 생각날 때, 자유롭게 사용하겠다고 고개를 세웠다. 굴종의 상한선이었나 싶게. 옛날의 칼 같았던 눈이 드디어 "몇 달 기다리라" 고 한다.

그러던 중에 생일과 겹치는 제사가 돌아왔다. 매년 초복과 중복 사이에 끼어있다. 나무 그늘에 앉아 쉬어도 덥다고 부채질을 하는 때다. 습도가 높아 온몸이 끈적거려 기분이 곤두박질치는 때다. “며칠이 아니고 몇 달이라니.”, 나도 모르게 ‘흥’ 소리와 함께 미움이란 놈이 슬그머니 마음에 자리를 잡는다. 장을 본 식재료를 다듬어 정리해 놓고 생일상 음식이 쉴까 염려해 새벽 4시부터 시작했다.

무직한 날씨에 불 앞에 섰으니 내가 불인지 불이 나인지, 정성은 어디로 날아가고 목까지 차오르는 짜증에다 미움까지 밀가루와 합쳐서 튀김 반죽을 했다. 오징어와 깻잎튀김 등등을 해서 생일상을 차렸다. 상 앞에 앉은 주인공의 인상을 살폈다. 음식들을 휘둘러보더니 좋은지 나쁜지 어정쩡한 얼굴로 미역국을 한입 마신다. 작은 ‘하’ 소리가 흘러나왔다. 맛있다는 무언의 발음이다. 자녀들은 눈짓을 해 가며 제비 입처럼 쩍쩍 벌리고 먹는다. ‘맛있다’ 고 엄지를 세우며 ‘최고, 최고’ 한다.

자녀들의 모습에서 수고의 댓가를 보상받고 짜증이 소멸되려고 할 때, “엄마 같이 먹어.” 딸아이 말과 동시에 “이 튀김이 왜 이래?” 바삭거리지 않다는 소리다. “습기가 많아서” 하며 식혜 솥이 걱정

되어 돌아서다 마뜩찮은 얼굴을 보게 되었다. '저 음식 타박은 왜 끼고 사나 몰라, 저 반찬투정은 끝이 없어. 아예 무시해 버리자.' 고 혼자 작심을 했다. '수고와 애썼다는 말을 모르는 무식의 최상급 위인아!' 라고.

45년의 세월이 흐른 어느 해, 생일과 제사가 겹친 행사 때, 제사 음식을 다 준비해서 냉장고에 차곡차곡 넣고 허리를 폈다. 어깨 힘이 쭉 처진다. 커피향이 그립지만 못 먹으니 마음까지 잿빛이다. 피곤해서 쉴 겸 창가로 갔다. 창밖에 자작나무 우듬지 잎들이 벌을 선 것 같이 꼼짝도 안한다. 바람이 불면 얇은 잎들이 바람에게 순종하듯 살랑살랑 춤을 췄었는데. 아니 순종하기 싫어 반항하는 건가. '바람이 불어 주면 잎들의 흔들림 따라 내 엉킨 마음도 살살 풀어질 텐데' 괜히 바람 탓까지 했다. 온몸이 끈적거려서 기분이 영 아니다. 씻어야지 하면서도 그 자리에 붙박이로 서 있었다.

"너는 무엇 때문에 늦은 공부를 한다고 극성을 떠니." 하는 친구들의 말을 못 들은 척 했는데 내 마음대로 안 된다. 짜증이 내리막으로 치달아 아래층에 사는 사람들의 소음을 무시하고 그 자리에서 막 뛰었다. '쿵쿵쿵' 소리와 전화벨이 같이 울렸다. 받으니 아들이다. 선물을 갖고 온단다. 좀 들뜬 목소리다. 선물 소리에 착 까라진 기분이 들썩인다. '나도 별 수 없는 인간이구나.' 하고 혼자 웅얼거렸다.

어느 날 느닷없이 아들에게 '아쉬운 소리 하지 마.' 라고 쐐기를 박는다. 그 말에 '나 하고 싶은 거 당신이 해 줘.' 라고 나도 쐐기를 박듯 눈을 찾았다. 슬쩍 눈을 피했다. 나는 피식 웃고 말았는데, '선물' 이란 아들 말이 귀에서 쟁쟁거린다. '소리 없이 흘러간 세월이 아들을 철들게 했나' 고개가 갸웃해졌다.

저녁에 이를 무렵 큰 박스를 들고 현관에 아들과 손자가 들어섰다. 선물부터 봤다. 아들 손자가 방으로 들어가 컴퓨터를 설치했다. 늙은이의 움직임만 보다가 젊은이들의 움직임을 보니 저절로 기운이 났다. 선물까지 받으니 몸과 마음이 붕 떠서 '와' 하고 소리쳤다. 아들의 등짝이 넓고 푸짐하게 보였다. 두 팔을 벌려 아들의 등을 안았다. 마음까지 매달린다. 남편의 시선을 아랑곳하지 않았다. 감격하는 내 모습을 보았을 것이다. 아들과 남편의 눈이 일직선으로 찡긋거림을 나는 얼핏 보았다.

'말하면 입이 삐뚤어지나' 내 입에서 뱉은 말. 아마 이 말이 미운 정이 쌓이는 걸까 했다. 세상 살아가는 방법과 기술이 미흡해서 남의 탓만 하고 살았으니 내 탓인 걸 이제야 알았다. 마음속의 눈은 내리막 오르막도 잘 봐야.

누가 있을까

괜찮은 사람이 되고 싶다.

어떤 여인이 이마에 손바닥 챙을 하고 "아이고 골치가 아파." 라고 했다. 그녀의 무명지엔 콩알만 한 다이아가 번쩍거렸다. 곁에 있는 여인네들에게 자랑을 위한 코미디임을 모두 다 아는 사실이다. 나는 자랑의 손바닥 챙이 아니고, '나를 도와줄 사람을 찾는 손바닥 챙' 을 하였다.

세월의 켜를 많이 입은 사람일수록 건강한 몸과 정신으로 적당한 돈이 있으면, 자신들의 삶을 어떻게 마무리 할까를 디자인할 수 있을 것이다.

어른들이 "이 세상이 어디 맴 먹은 대로 되 간디. 팔자가 있는 뱁

이여.”하는 말을 많이 들었다. 그 말을 보듬고 살아오면서 반쯤은 긍정을 하다가 ‘그래도 해보는 데까지는 해보겠다.’는 의지가 내 속에서 고집스럽게 굴었다. 고집으로 산다는 것이 내 팔자가 되나. ‘그럴 수도 있지’ 했다. 혼자만의 고집을 위해 살았으니 남의 고집을 이해하고 응원해 주어야지, 남의 말을 들어주는 사람이 된다면.

2차 대전과 6 · 25 전란에서는 궁핍의 틀 속에서 목숨을 이어가는 것만이 삶의 전부인 줄 알았다. 어쩌다 얻은 책과 교과서를 보면서 또 어머니의 장삿속 틀을 보고 세상만사의 얽혀진 일들이 조금씩 눈에 들어 왔다. 세상이 왜 이런가. 궁금한 것이 너무도 많았다. 내가 있어야 세상이 있고, 세상이 있어야 내가 사니 그 관계 속을 들여다볼 수 있었다.

시대적 팔자에 편승되면서 나의 팔자 따라 살았나, 아니면 내 의지대로 산 것이 팔자가 되었나 아리송했다. 팔자라는 것이 내 뜻대로 안 되었을 때 생기는 몸부림을 다독이는 말이라고 해야 하는지, 만 갈래의 생각으로 퍼졌다.

사람으로 태어났으니 내게도 변해가는 성장과정이 있었다. 그 과정을 겪을 때마다 나는 내 곁을 보았다. 가족이 많았지만 항상 나는 혼자였다. 초등학교에 입학할 때 언니와 같이 학교에 간 것 말고는 진학하는 과정마다 늘 외톨이였다. 혼자이다보니 긴장과 생각이 그림자처럼 따라다녔다.

학교에서 방학 숙제로 곤충채집을 하러 갔다. 풍뎅이 쇠똥구리 딱정벌레 나비 잠자리 메뚜기 등은 손쉽게 잡을 수 있지만, 팔뚜기란 놈을 잡기가 내 능력 밖이었다. 머리에 큰 눈이 양쪽으로 달려 있어 시야가 넓어서인지 몹시 예민했다. 그러면서도 푸르스름한 날개와 말간 몸체에다 등쪽엔 팥색 줄이 그어져 예뻤다. 또 점프하는 길이가 너무 길어서 따라가기 힘들었다. 그놈은 너무 당당했다. 따라가고 또 따라갔다. 결국 못 잡았다. 여름철 뙤약볕에서 뛰었으니 지쳐서 그늘에 주저앉았다. 그때 '이거 내가 꼭 해야만 하는 일인가, 이런 숙제는 안 해도 그만이 아닌가.' 했다. 그놈을 잡지 못한 것에 대한 반감일까. 친구나 언니 오빠와 같이 했으면 될걸 했다.

개학 후 다른 아이의 숙제를 보니 제대로 해온 아이는 한 명밖에 없다. 그 아이에게 "너 혼자 했니?"하고 물었다. 엄마 오빠와 같이 했다고 한다. 나무 틀판에 유리까지 덮어서 제법 볼만했다. 그 유리 상자 속에 내가 못 잡은 팥뚜기의 모습도 있었다. 셀로판지 덮은 와이셔츠 상자 속의 내 곤충채집은 빈약하기 그지없었다. 부끄러웠지만 나 혼자 내 힘으로 해냈다는 것으로 마음을 달랬었다.

학교에서 한글을 못 깨우친 몇몇 어린이를 데리고 뒷산 언덕에서 공부를 시킬 때다. 보이는 것이 모두 초록 들판이다. 시원했고 마음이 푸근했다. 가르치는 일을 매일 계속하다 보니 학습효과도 없어 지루해지기 시작했다. 이상의 '권태' 에서 처음엔 신선한 초록에 놀랐다가, 사랑까지 했다가, 5일이 못 되어서 지구의 여백색임을 발견하고 '저 푸른빛은 아무 짓도 안 한 채로 있다.' 고 했다. '나도 그런가' 했다. 초록색과 아이들 가르치는 일이 심드렁해졌다. 높은 하늘을 올려다보았다. 탐스러운 뭉게구름이 두리둥실 떠 있다. 넋을 놓고 보다가 '더 배우고 싶다' 는 생각이 들면서 나도 모르게 길고 크게 '나는 대학에 간다' 고 소리쳤다. 그 소리가 맞은편 산에서 메아리쳐 내 귓속에 파고들었다. 아이들도 덩달아 소리치며 한바탕 웃었다. 마음껏 웃고 나니, 내 앞에 어떤 고난이 닥쳐도 이겨내리란 뱃심까지 생겼다.

공부를 시작했다. 동창들보다 잘나보이겠다는 심사도 아니다. 이때도 내 곁엔 아이들만 있지 내 길을 열어주는 이도 없이 혼자 찾아나서야 했다. 주먹구구식인 내 앞날의 설계는 단기간에 모은 돈과 어줍지 않은 뱃심이 전부였다. 발판이 단단하지 못한 것은 뻔했다.

고생문이 환하게 열린 셈이다. 작심한 고생이었지만 혹시나 곁에 누가 있을까 두리번거렸다. 요행이란 놈이 '나를 찾아주면' 했다. 아무도 없었다. 억지춘향으로 졸업하고 직장을 잡았다. 이때 아버지를 생각했다. '내가 내 길을 간다' 고 할 때 선택할 자유를 주어서 고맙다고.

이렇게 저렇게 틀을 바꿔가며 산 삶을 나이 들어 생각하니 남이 보기엔 볼품이 없고 하찮아보여도 '그래도 괜찮다.' 는 생각이 든다. 내가 선택한 삶이라서. 남은 생生도 내가 좋아하는 것을 하고 싶은데 발목을 잡는 것이 있다. '은혜를 갚는다.' 란 말이다. 이 말은 내가 여러 사람들이 만든 거미줄처럼 인연이 맺어진 세상의 틀에서 알게 모르게 많은 도움을 받고 살았다는 것을 느끼는 순간, 내 귀에 울린 깨달음이었다. 부모로 시작해서 선생님들 이웃들 친구들이 없었다면 나는 일어설 수 없었을 것이다.

'누가 있을까.' 도움을 청하기 이전에 받고 산 것을 몰랐다. 나도 그런 도움을 세상에 되돌려줄 기회를 찾는다. 인연 닿는 친척부터 시작할 것이다.

둘의 그림자

불영사를 뒤로한 버스가 계곡을 내려오고 있었다. 문화유산답사팀장의 침묵을 깨는 소리가 들린다. '불영사 계곡은 미 서부의 그랜드캐년에 버금가는 아름다운 곳' 이라고. 모두들 혼곤한 상태에서 깨어 머리를 창으로 돌린다. '와' 하는 함성이 터진다.

계곡을 빠져나온 버스는 어느새 동해안 촛대바위에 도착했다. 모두들 차에서 내렸다. 촛대바위 맨 위에 소나무 한 그루가 의연히 서 있다. 아래에서 위로 쳐다보는 격이니 그림자는 볼 수 없다. 여러 사람의 눈길을 받고 있으니 외로워 보이지 않았다. 혼자 있으면 외로울 수도 있고 그렇지 않을 수도 있다는 생각이 들었다. 세상사가 양면으로 되어 있어 아름다운 것인가 라는 생각도 들었다.

동해안 수평선 위로 파란 하늘이 넓게 펼쳐 있다. 짙푸른 바다도 거침없이 시원하게 보여 가슴 가득히 숨을 들이쉰다. 이 이상 무엇을 더 바랄 것인가. 행복하다는 마음의 소리였다.

건물 숲에 끼어 살아서 광활한 하늘에 펼쳐진 구름들을 보기 힘들었다. 자연 속에 어울리고 싶은 마음 때문인지 떠도는 구름 모양에 매료되어 한참을 보았다. 거리에 지나는 사람들 모습이 자꾸 변하듯이 구름모양이 변한다. 이마를 맞댄 모습, 둘이 나란히 한 방향을 향해 가는 모습, 씩씩하게 혼자 가는 남자, 찰랑이는 긴 머리 아가씨들의 발랄한 모습들이 하늘에서도 보인다. 앞을 향해 가는 구부정한 노부부 모습도 있다. 가슴이 넓어지면서 편안해졌다.

전란을 당해 안정된 삶을 즐기지 못했던 세대들이 어느 정도 자리를 잡자 저절로 가슴속에 있는 것들을 풀 수 있는 모임들이 생겨났다. 남자들은 퇴근 후 술자리가 있는가 하면 여자들에겐 계모임과 찜질방 모임이 있다. 나도 그 축에 낀다. 여자들이 모이면 젊은 층은 시집 얘기고, 사오십 대는 남편과 자식들 얘기에 꽃이 핀다. 무슨 기념일에 명품백을 받았느니 링을 받았느니 여행을 갔다느니 사랑을 듬뿍 받았다는 이 한 몸이라고 자랑한다. 육십 대에 접어들면서 싸웠다는 이야기 마당으로 돌아가다가 "아, 글쎄 팽팽하고 씽씽하던 몸이 남편 때문에 늙었어. 남편 보기 싫어 죽겠어." 라며 침 튀기는 원망 소리. 너도나도 동조하는 푸념 소리. 속을 썩여 얼굴에 거미줄이 생겼고 탄력 있고 야들야들한 피부가 질깃질깃한 가죽 같다나.

이 말들이 맞는 말일까 틀린 말일까를 생각해 본다. '그럴 수도 있지' 하고 동조를 하다 어안이 벙벙하다. 그렇다면 속을 안 썩는 여자는 60이 되어도 결혼할 때와 같이 변하지 않고 새색시 같다는 말인가. 세월 따라가다 보면 저절로 늙게 되는 것을 느끼지 못하는가 보다. 이마를 너무 부비며 마주 대고 살다 보면 인간사를 볼 줄 몰라 상대방을 잡거나 원망으로 몰고 가는 불행으로 치닫게 될 수 있다고 생각한다.

세상은 자꾸 변한다. 남녀의 역할을 서로 분담하고 역할이 바뀌기도 한다. 이런 세상과 발을 맞추려면 여자도 무언가 알아야 한다.

나도 남편 때문에 늙어버렸다는 여자였다. 교직을 가졌던 지성인이면서.

비가 오는 날이다. 식구 수만큼 우산이 없다. 그만큼 우산이 귀했다. 성당에 가야 하는데 새 우산을 쓰고 남편이 나선다. 다른 우산은 아이들이 쓰고 나갔고 망가진 비닐우산만 비뚤하게 구석에 처박혔다. 나는 으레 남편 옆에 섰다. 한 우산에 두 몸이 들어갈 것으로 기대하고.

"혼자 쓰고 갈 테니 알아서…." 할 수 없이 비닐우산을 쓰고 터벅거리며 가는데 젊은 부부가 한 우산 속에 팔짱을 꼭 끼고 간다. 그때는 우산 속에서 연인들이 탄생했던 로망들이 많았는데. 그런 로망만 그리니, 남편의 우산꼭지가 미워지기 시작했다. 되돌아 집으로 오며 중얼거렸다. 저녁 반찬에 낙지볶음 안해 줄 거라고.

시운했던 마음을 가슴에 딤아 놓고 사랑 타령을 읊조리다가 "사랑은 3개월로 끝이야."라는 친구의 말에 정신이 번쩍 들었다. '정이 나달나달하는구나.' 했고 그때부터 나는 나의 정체성을 찾기 시작했다. 몇 년을 찾으려고 헤맸지만 그저 그렇다. 남편 때문에 늙은 것이 아니고 세월이 가면 저절로 늙게 됨을 알았을 정도다.

살면서 하늘과 드넓은 바다를 자주 보는 일이 많았으면 싶다. 가슴 넓게 펴니 넓은 가슴에서 정으로 구겨진 감정을 꺼내 드높은 하늘과 넓은 바다에 산산이 뿌려 버리게 되니까. 세월이 갈수록 자연의 아름다움이 넓고 깊숙하게 스며온다. 나도 자연물이니 아름답고 싶다. 알 수 없는 종점을 향해 앞으로 갈 때 혼자 보다 둘이 가는 모습이 보기 좋다. 그래서 '금수강산' 이라고들 한단다. 늙은 남자 혼자 가면 '적막강산' 이고, 여자 혼자 가면 '만고강산' 이라고. 적막강산, 만고강산은 금수강산만 못하니까.

촛대바위의 소나무도 '아름다움' 을 가졌고 바람친구가 있고 보아주는 관광객 눈이 많아 외롭지 않게 보인다. '조물옹' 도 남녀 한 쌍을 만들어 놓고 보기 '좋았더라고' 하셨다. 오늘도 아름다움을 찾는 눈을 뜨고 달려가고 있다. 역시 하나의 그림자보다 둘의 그림자가 아름답다.

뒤에서 부는 바람

저무는 단풍이 온 힘을 다해 색들의 향연을 펼치고 있다. 꽃보다 뜨거운 홍엽이 만개한 산과 길 옆에 가로수, 또 넓은 들판에 형형색색의 옷들을 입고 있다. 계절이 어디를 가려는지 서두른다. 뒤도 안 돌아보겠다는 결연한 자세로 미적거리지도 않는다. 그렇게 아름다운 극치 다음은 무얼까. 그래, 바람은 알 것이다. 끝을 향한다는 것을.

작년 이맘때도 그랬다. 그 바람이 지나가면 나는 언제나 허공을 더듬는다. 자연의 향연을 본 것으로 만족할 줄 모르고 '허전하다'고 했다.

올해도 마찬가지다. 무얼 놓쳤다고 허둥대는 회한이 또 생긴다. 내 모양대로 산 것이 내 운명임을 알아차렸을 때 누가 내 등을 떠다민다. 돌아보니 아무도 없다. 바람인가 했을 때 단풍 든 낙엽이 허공에 흔적 없는 파문을 그리다 떨어지며 발밑에서 뒹군다. 이리저리 쏠리는 모습에 현기증이 일어났다. 쓰러질까 두려워 두 발에 힘을 주었다. 그리고 돌아섰다.

"아서라, 기운 없는 나에게 장난은 금물이다." 바람에게 투덜거렸다. '내가 언제부터 꼿꼿함이 삭았지.' 혼자 중얼대다, 가던 길을 향해 돌아섰다. 또다시 떠민다. 11월의 거리를 휩쓰는 짱짱한 바람이다. 이깟 바람에 떠밀리다니, 내가 '헛것' 이 되었다는 말인가. 그윽한 국화향이 진동하는 가을인데, 또 식어가는 열정을 살살 얼려보고 싶은데, 밉살맞게 재촉해서 또 서운했다. 서툴고 치기 많던 젊음의 잔상을 돌아보며 정리하라고. 또 거침없이 다가오는 시간을 더 사유해 보라고.

지금까지 살아도 알 수 없는 쪽빛하늘을 향해 두 손을 높이 들고 손가락 끝에 무엇이 잡히기를 갈망했었다. 아마 젊음의 치기였을까. 그 치기를 걷어차지 못한 두 눈 뜬 멍청이. 생각 없이 이리 뛰고 저리 뛰다보니 손가락 사이 물 빠지듯 그 아깝고 중한 세월을 흘려보냈다.

고교 시절, 내 자리는 음악반, 미술반, 문예반, 화훼반에까지 끼었다. 그래서 항시 바빴다. 눈이 부리부리한 음악교사가 "너는 한 우물만 파."라고 했으나 귓등으로 흘렸다.

그 해 11월 하순 햇볕이 아쉬운 어느 날, 문예반에 앉아 원고지에 눈을 박고 있었다. 원고지에 그림자가 어른거렸다.

"누구야, 내 햇볕을 막는 똥강아지는?" 철학자를 떠올리며 고개를 든 순간, 서운함이 잔뜩 든 부리한 눈과 마주쳤다. 나도 모르게 두 무릎이 펄쩍 뛰었었다. 그 후 음악반은 포기했다. 경제적인 문제가 컸지만, 음악은 언제나 가슴속에서 맴돌았다.

글짓기 발표시간이었다. 교사는 학생들의 작품을 읽으며 평을 했다. 제목은 한들거리는 코스모스, 바지랑대의 빨간 고추잠자리, 기러기 등이다. 코스모스가 한들거리는 이유를 썼다. '바람이 부니까' 로, 기러기는 더위가 싫어 북쪽으로 간다고, 빨간 고추잠자리는 물속에 꽁지를 담그기 싫어서라고 썼다. 흰 피부에 검은 눈썹이 짙은 국어교사는 "이 글은 문학작품이 될 수 없다."고 했다. 벌게진 얼굴로 글 안 쓴다는 맹서를 했다. 선생님까지 싫어졌다. 얼마나 속이 좁고 맹했나.

꽃이 좋았다. 꽃의 화려함에만 이끌렸다. 꽃이 피기까지 그렇게 많은 수고가 따르는지 몰랐다. 매일 물 주고 떡잎을 따주고 가지치고 틀 잡아주는 것은 상상도 못했다. 내가 먹는 밥은 꼭꼭 챙기면서 꽃에 밥 주는 일은 잘도 잊어버렸다. 굶은 꽃은 고개를 숙였다. 이런 일이 몇 번 반복되었다. 시든 꽃 앞에서 인자한 선생님이 내 도시락을 빼앗아갔다. 배에서 꼬르륵 소리가 들렸다. 물을 주고 보살펴야 꽃이 피는데, 수박 겉만 핥는 얇은 인품이었다.

미술 선생님은 별명이 6시 5분 전이다. 고개가 오른쪽으로 기울었기 때문이다. 내 작품이 항상 뽑혀 학생들에게 교과서 노릇을 했다. 종강 때, 삐뚤어진 입술로 "이 사람은 그리는 기술만 좋지, 감성이 부족해."라고 했다. 그 말을 듣고 미술도 그만 두었다. 뒤늦게

민화를 하고 있지만.

가로 뛰고 세로 뛰고 앞과 뒤로 폴짝거렸으니 뭣하나 제대로 건진 것이 없다. 마음속에 헛것만 가득 찼고 텅텅 비었다. 속이 비어서 가벼우니 뒤에서 부는 바람에 떠밀려 제대로 한 것이 하나도 없다.

힘

우주의 만물은 묘하게도 힘을 다 갖고 있다. 그 힘을 서로 주고 받으면서 살아가고 있다. 그 힘은 생명처럼 유한하다. 그 힘을 기운氣運으로 보면 우주가 움직이는데 음 기운과 양 기운이 갈마들이로 이어지면서 균형을 이루며 영원으로 흘러가고 있다. 무더운 하지 때, 땅속 깊이 음이 싹트고 추운 동지 때 양이 움 트듯이. 얄망궂게도 한쪽 기운이 오래가지 않도록 천적을 따라 붙게 하거나, 성했던 힘이 소멸로 끝나고 있다.

짐승들 중 몸집이 가장 큰 코끼리와 사냥술이 뛰어난 사자가 싸우면, 어느 쪽이 이길까. 그런데 사자는 코끼리를 잡을 수도 없다고 한다. 너무 커서. 그러면 짐승들 중에 누가 힘이 셀까.

코끼리는 덩치가 크다. 꼬리는 나귀꼬리와 같고 털은 짧다. 귀는 우산처럼 넓다. 양쪽에 큰 이빨 두 개는 상아로 불리고 눈은 초승달처럼 가늘어 순한 인상이다. 사람들은 가축으로 키우기도 하고 길을 들여 힘든 일에 이용하기도 한다. 벌목한 통나무를 코로 둘둘 말아 차에 옮겨 싣는다.

아프리카 코끼리들은 먹이를 찾아 초원을 어슬렁이며 돌아다닌다. 이것저것 주워먹다가, 떨어진 과일의 당분이 술로 변한 것을 먹고 취해서 처량한 소리를 내며 흥얼거리다 밭에 심은 작물을 넓적한 발바닥으로 밟아 망치니, 농부들의 골칫덩어리가 된다고 한다. 농민들이 밭두렁에 둑을 높게 쌓아도 코끼리가 발길로 툭툭 차면 무너지니, 때릴 수도 죽일 수도 없어 울상으로 지낸다고 한다.

어떤 농부가 꿀을 얻으려고 벌통을 집에 놓았단다. 그때 과일주 먹은 놈이 벌통을 발로 툭툭 치다가 성난 벌이 코끼리 콧등을 쏘아버렸다고 한다. 그 육중한 몸을 이리저리 흔들며 벌로부터 멀리 달아나더니, 벌의 붕붕 소리만 들어도 멀리 도망을 쳤단다. 그 후로 농부들은 농작물 근처에 벌통을 놓아서 피해를 막았고, 넓은 농장에서는 요즘에 벌통보다 드론에 벌 소리를 녹음해 띄워서 코끼리의 접근을 막는다고 한다.

힘이 센 코끼리가 몸집이 작은 벌에게 꼼짝 못하다니 웃음이 나온다. 벌에 쏘인 코끼리는 통증을 많이 느낀다고. 아무리 힘이 세도 아프면 항복을 하나 보다.

역사를 보면 막강한 독재정치도 십 년을 넘기지 못하고, 금수저 흙수저의 돈 자랑도 삼대를 잇지 못하고, 개화 십일홍의 예쁜 자랑도 그런 거라 여긴다. 어떻게 그리 묘하게 세상이 만들어지는지 새록새록 얄궂게 느낀다.

5
아버지의 선택

경주의 잔치

그 자리

다홍치마

도깨비 국

아버지의 선택

흐르는 종점은

경주의 잔치

즐거움과 설렘이 있는 모임이란 생각에 가슴 한 귀퉁이가 가볍게 떨렸다.

전국의 수필가들이 모인다고 했다. 이번이 '13회' 라고 하니, 내 나이에 늦은 감이 들었다. 수필인이 된 후 처음 참가하게 되어 그런가 보다. 날씨가 더워 염려되었지만, 낯선 것에 도전하려는 의욕이 아직도 내게 남아있음을 다행으로 여기고 7월 12일 아침, 우산 들고 집을 나섰다.

잿빛 하늘이다. 우산을 펼 만큼의 비가 아니어서 더위에 시달리는 피부가 몇 빙울의 비를 맞으며 설으니 시원한 청량감에 발걸음이 가볍다. 사통팔달의 사당역이 시발점이다.

버스로 모여드는 여인들의 모습이 뭔가 삶에서 다듬어진 듯한 느낌을 받았다. 입을 열면 말이 통할 수 있는 여유로움이 보여 호감이 갔다. 동료들과 함께 차에 올랐다. 떨리던 가슴이 진정되었다. 내 삶에서 수필을 배운 것에 혼자 박수를 쳤다. 빈 좌석 하나 없이 꽉 찬 버스 안, 무언가 모르게 좋은 일이 생길 것 같은 예감이다. 젊은 운전기사는 육중한 버스를 고속도로 노면에 키스 하듯 착 붙여서 달렸다. 창가로 사물이 보이다가 이별을 고한다. 만났다가 이별하는 것이 삶이라고 하는 듯했다. 버스는 시간을 달리며 공간을 이동하다가 경주에 도착했다. 너른 평원에 고분 몇 개가 눈을 시원하게 했다. 고대 문화가 찬란하게 빛났던 지붕 없는 박물관이 경주라고 누군가 말했었다.

토함산을 이고 있는 불국사는 앞이 훤하게 트인 곳에 자리 잡고 있어서 안정감이 있다. 우리나라의 큰 보배라고 느껴져 국민 모두가 아껴야 한다는 마음이 들었다. 불국사를 여러 번 보아도 새로움이 솟는다. 초 중 고 성년이 되어서도 볼 때마다 설레면서 살피게 된다. 이번에는 돌층계를 손으로 만져 보았다. 매끈하고 정교한 솜씨에 놀랐다. 수필 하나를 써 놓고 읽어보고 다듬고 또 읽고 또 고치는 과정이 반복되어 올곧은 수필이 되듯, 돌 다듬는 장인도 그러했으리라. 그래서 매끄럽고 고운 돌층계가 되었을 것이다. 불국사를 아끼는 심정으로 보다가 뒤로하고 동국대 경주 캠퍼스로 이동했다.

차에서 내리니 어디선가 흉내낼 수 없는 이상한 소리가 들렸다. 모두들 소리의 근원지를 보니 왜가리들이 소나무 숲 우듬지에서 날개를 휘저으며 느림이 멋이라는 듯, 춤을 추고 있다. 어쩌다 보는 모습이라 넋 놓고 바라보았다. 도시에서 볼 수 없는 참 멋진 풍경이었다.

주최 측 지시에 따라 강당으로 들어갔다. 경주시장의 축사가 끝난 후 경쾌한 색소폰 연주도 들었다. 언어의 축제인 수필의 날에 나의 수필이 과거의 것이 아닌 미래에 꽃 피울 문학의 열매로 맺었으면 하는 나만의 바람을 가져 보았다.

정교수님의 강연이 시작되었다. 경수에서 출토된 '서역인의 상' 과 '로만유리잔' 그리고 '금관' 등이 중동지역에서 출토된 유물들을 근거로 삼아 신라가 비단길의 동쪽 끝 종착지임을 입증할 수 있다고 한국학자들이 설명했다는 것이다. 실크로드의 시발점이 중국의 시안이 아니고 신라의 경주라고 이번 경주 잔치에 참가해서 들었다.

비단길을 거치는 돈황에는 천개의 굴이 있는데 그중 막고굴 벽화에 신라상인들이 그린 그림이 있고 '왕오천축국전' 으로도 신라인이 실크로드를 왕래해 종착지로 볼 수 있다는 것이다. 이런 사실을 세계에 알리기 위해 1998년부터 캄보디아 앙코르와트에서 경주세계문화엑스포를 열기 시작했단다. 2013년 올해에는 터키의 이스탄불에서 8월 31일부터 9월 22일까지, '길 만남 그리고 동행' 의 콘텐츠로 경주문화엑스포를 연다고 하니 경주의 중함을 가슴에 담았다.

강연이 끝난 후 몇몇 수필이 낭독되었다. 그중 '내 뜨락의 괭이밥' 수필이 갈등 속에서 현대를 살아가는 지혜가 담겨 있어 좋았다.

행사가 끝나고 저녁 무렵 시원스럽게 자란 연꽃과 연잎을 둘러보고 야경으로 조명된 안압지를 자유롭게 산책한 후 청도 운문산 자연 휴양림에서 피로를 풀었다. 다음 날 아침 호거산 운문사로 향했다.

운문사 마당으로 들어서니 비질무늬가 그려진 황토색 절 마당에 마음과 몸을 내려놓고 싶었다. 황토색에 매료되어 배를 깔고 엎디어 흙과 밀착하고픈 심정으로 댓돌 위 흙둔턱에 털썩 주저앉았다. 어제의 피로가 남았었나 보다. 길게 숨을 내뿜으며 절의 본새를 지그시 내다보았다. 요염한 분홍색의 꽃을 피워내는 배롱나무는 여승들만 기거하는 절 마당에 야릇한 감을 맴돌게 했다. '저 색깔의 옷을 입으면 어떨까.' 생각하다 그 아래로 황색, 적색의 백일홍이 이 이상의 선명함이 없다는 듯 본연의 색을 뿜어내고 있다. 도시의 백일홍을 볼 때마다 꽃의 색깔에 불만을 토로했었는데 운문사 백일홍은 천연의 만족스러움을 내뿜으며 피었다. 그 곱고 고운 꽃 속에 묻히고 싶어 꽃과 내 앉은키를 키 재기하며 사진을 찍고 놀았다.

절 입구로 돌아 나오다 넓적하고 둥글게 퍼진 소나무를 보니 입이 저절로 벌어진다. 어림짐작으로 지름이 70~80센티미터나 되고 높이가 2~3미터가 되는 부침개 모양 같은 소나무다. 나직하면서 육중한 나무틀이 굵게 뒤틀려 양 옆 사방으로 넓게 퍼져서 누구라도 다 용서할 각오가 되어 있는 듯한 관음송 한 그루가 넓은 마당에 자리하고 있다. 키 큰 소나무만 멋있는 줄 알았는데 이것 나름대로 멋있고 풍성해 보였다. 조금 전 절 마당에 내려놓았던 마음을 다시 주워 들고 관음송처럼 넓고 듬직한 마음이 되도록 주문을 외웠다. 절에 온 2백여 명이 넘는 얼굴들이 모두 넓은 마음으로 웃고 있어 시끄럽지 않고 도리어 조용했다. 입가에 미소를 짓고 서로 눈웃음을 쳤다. 너른 품을 가진 여인 같은 절이었다.

다음 행선지인 양동마을에 갔다. 내리꽂히는 뙤약볕에도 용감하게 마을을 돌아보았다. 마을에 대한 호기심의 발로였나 싶다. 데워진 몸은 그늘만 찾았다. 아이스크림으로 몸을 식혔다. 동료들은 굼뜬 우리를 기다렸다. 동료들 모습이 연밭에서 무리지어 피어있는 연꽃 같아 보였다. 바람에 흔들리는 연꽃의 향연과 수필인 경주 잔치를 아울러 생각했다.

다른 수필가들은 나보다 먼저 경험하고 느껴 경주 잔치가 시시할지 모르겠으나 나로서는 잔치에 참여해 많은 행복을 맛보았다. 진정한 수필인이 되고 싶은 욕심도 생겼다.

그 자리

교회 앞에 베이비박스 설치를 후회한다는 기사를 보았다. '버려지는 아이가 너무 많아서' 라고 한다. 아마 어찌 할 수 없어서 버리는 행위도 있겠지만 참으로 한심한 일이다. 하늘이 준 선물인데, 뭘 몰라서 일까. 그 '응애 응애' 소리를 못 알아듣는 마음의 청각장애인일까.

사람이 철들기 어렵다고 한다. 하루가 다르게 변하는 세상 속에서 자신의 의식세계를 살피는 통찰력이 필요하다. 질서정연한 자연에서 계설 변화를 알듯이, 사람도 자신을 알고 자신의 행동에 책임을 지는 자리가 있음을 알아야 한다.

새싹이 나왔나 싶더니 어정어정 둥둥 부지깽이도 둥둥대는 바쁜 계절이 지났다. 일을 몸에 달고 사는 농촌은 아니지만 무엇을 배운다는 입장이고 보니 월요일인가 했는데 토요일이다.

빠른 세월 속 어느 날 아침, 설거지를 끝내고 창가로 갔다. 계절이 변했다. 청량하기 그지없다. 가을빛이 하늘에서 쏟아졌다. 유난히 투명하다. 투명한 빛에서 하늘과 땅의 어우러짐을 명확히 보았다. 그 투명함에 정신이 들었다. 햇빛의 농도만 보아도 계절을 알 수 있다. 이제야 조금 알아가는 듯한 나의 삶. 어떻게 살아왔나를 뒤돌아보게 된다.

무엇을 이루어 보려고 매일 다녔지만 결과가 야무지지 못했다. 또 사람일은 한 치 앞도 가늠할 수 없어 조심조심 산다. 젊음이 주는 의욕이 '이제는 귀찮다.' 로 변하는 시기가 되었다. 철이라는 것이 죽음까지 가야 온전히 들까. '철 들자 망령 든다.' 는 말도 있다.

솔솔한 바람이 쌀쌀한 바람으로 변했는데도 가시나들의 쭉쭉 뻗은 두 다리는 추위를 모르나 보다. 어쩌다가 지하철 층계 밑에서 올려다볼 경우를 만난다. 두 다리 사이가 아슬아슬해 내 몸이 오싹해진다. 곁에 친구의 팔을 두드리며 어깨를 올렸다가 내린다. 안타깝다는 표정이다.

"아이 참!"

"예쁘기만 한데 뭘."

"가시나들 미쳤다."

"우리도 겨울에 미니를 입었잖아."

전철 의자에 앉았다. 뻐근한 관절의 통증에 고개를 돌려 서로 맥없이 웃고 입을 다물었다. 친구는 다음 역에서 내렸다. 혼자 된 나는 눈을 감고 '그래, 나도 그런 예쁨이 있었나' 싶어 처음 교사 발령 때를 떠올렸다.

전 직원 저녁 초대였다. 쪽빛 투피스를 입었다. 미니 스커트였다. 나도 모르게 자신감이 넘쳤다. 기를 잔뜩 몸에 싣고 걸으니 힐 소리가 또렷이 귓가에 들렸다. 정류장에 서 있던 사람들 시선이 나에게 쏟아지는 느낌이 들었다. 붐비는 사람들 틈에 끼어 버스를 기다렸다. 내 앞을 가로질러 가며 어깨를 툭 치는 사람도 있었다. 버스에 올라타 차창 밖을 서서 보니 움직이는 사람들의 모습들과 어울려 어떤 율동을 하는 것처럼 몸에 리듬이 전해져 평상시의 내가 아닌 듯했다. 빈틈없는 차림에 자신감이 넘쳤었나 보다.

버스에서 내렸다. 낯선 곳인데 뜬금없이 누군가 나를 부르는 소리가 들렸다. 돌아보니 학년주임이다. 일그러진 표정과 안타까운 음성으로 한마디 한다. "아이구 저걸!" 나를 돌려세우고 휴지로 뒤쪽을 닦아내며 나중에는 손수건으로 박박 문지른다. 뭔가 흉측한 것임엔 틀림없다 싶어 발만 굴렀다. "결혼하면 알게 될 것이다." 했다. 학년주임 얼굴이 벌게져 "창피하다."고만 했다.

영문도 모르고 궁금증이 가득한 얼굴로 음식상에 앉았다. 주임 곁에 앉으려니 교감이 앉았다. 할 수 없이 음식을 조금만 먹고 주임을 찾으니 집안일로 먼저 갔다고 했다. 얼떨떨한 얼굴로 앉았는데 걸걸해진 남교사들의 입담이 퍼지면서 폭소가 터졌다. 왜 웃는지 영문을 알아차릴 수 없어 주위를 보니 여교사 세 명과 교장자리도 비었다.

"한 선생, 일 더하기 일은 얼마야?" 답을 해야 되나, 말아야 하나 망설이는데 "아마 '이' 라고 하겠지, 삼 사 오 육 칠 팔이 다 되는 것 알아?"

그날 그 자리가 내가 살아가야 하는 세상에 대해 많은 의문을 품고 책을 접하기 시작한 자리도 되었다. 아직도 삶에 회의가 있지만.

본능도 하늘이 주신 걸까, 의식주 이외에 본인도 모르게 사랑의 모습으로 포장되어 슬며시 다가오는 것 말이다. 몇 천 년을 걸쳐서 살아온 모든 사람들이 결혼하고 아이를 낳아 먹이고 입히고 가르친다. 그 아이가 신의 선물로 받았다는 생각은 아예 못하고 내가 낳았으니 내 마음대로 키워 보려고 기를 쓰고 고집을 부린다.

내 뜻대로 되지 않는 것이 인생살이다. 요즘 아이 없는 부부는 의술의 힘에 의존해 얻는 사람도 있고, 그래도 안 되는 사람도 있다. 그러고 보니 팔자타령이 나온다. 이런 불가사의不可思議함을 염원해 종교에 매달리고, '천지신명' 께 기도한다는 말을 들었고 책에서도 보았다. "자식은 부모 마음대로 안 된다."고 돈을 최고로 아는 어떤 재벌가가 말했다.

하늘의 뜻을 안다는 것이 철이 든다는 것일 거다. 하늘의 뜻을 몰라 아기를 죽이고 버린다고 본다. 세월을 살아봐야 알게 되는 것도 하늘이 주는 건가. 그 아름다웠던 시기에 그 자리는 뭔가 깨닫기 시작한 꽃자리였다.

다홍치마

어느새 봄, 여름, 가을, 겨울을 일흔다섯 번이나 넘겼구나.

나는 이 세상을 살면서 다홍치마가 입고 싶은데 너는 어떠니? 유치하고 찬란하다고? 입을 줄 모른다고? 뭐 치마가 없다고?

사람의 일생을 사계로 생각하다 보면 너와 나는 화사한 봄을 지나 여름으로 들어가는 문턱에서 만났다. 고교생이었으니까. 처음 만나서도 서먹하지 않고 서로 호감이 있었던 걸로 기억하는데 너의 기억은 어떠니? 그러다가 너는 다른 학교로 전학해 영문과를 졸업하고 나는 사범을 나와 교사가 되었지. 가끔 통근 열차에서 만나면 왜 그리 반갑고 좋았는지. 한참 처녀 때였으니, 세상이 다 도화색으로 보였지. 너는 여자인 내가 보기에도 매력이 참 많았다. 알게 모르게 풍겨 나오는 아우라에 다른 친구들에게도 많은 호감을 샀었지. 그러니까 내가 너보다 너를 더 좋아했다고 생각한다.

그러다 말 탄 총각 의사가 나타나 고혹적인 너를 말 등에 태우고 달아났지. 그래서 우정의 끈이 보이지 않았었다. 나도 결혼해 아이들을 낳고 키우며 살다가 동창회에서 너를 만났다. 얼마나 반가웠는지, 그 기쁨이 일주일은 갔을 것이다. 또 너나 나나 모친을 일찍 잃었다는 점과 시누, 시동생 많은 시집살이를 한 것이 공통점이 되어 돈독한 우정을 나눈 것 같았다.

"영애야, 우린 옛날 사람들에 비해 오래 살았지?"

사람 사는 것이 어떠냐고 이야기 하고 싶고 또 노년의 웃음을 가져보려고 했는데 전화기를 타고 전해오는 네 마음의 목소리가 '귀찮다, 시답지 않게 쓸데없이 전화냐.' 며 짜증으로 전화 끊던 너에게 나는 어떻게 대처할 줄 몰라 그냥 수화기를 놓았다.

내 기분 따지기 전에 '네 몸이 어디 아픈가? 혹은 부부간 다툼이라도?' 하며 걱정했는데. 그러면 며칠 후라도 전화가 걸려왔어야 우정이란 것이 살아있다고 생각하는데…. 소중하게 간직했던 우정이 거리에 떨어진 낙엽처럼 버려진 기분이 들었다. 야속한 마음이 가슴에 꽉 차더라. 전화 끊던 날이 한 달 지났으니 이제 나도 매듭을 지어야겠다. 나이 들면 친구가 좋다는데, 나는 너에게 아쉬운 소리도 안 했는데, 왜 외로움의 세계로 가려고 하니?

그런데 말이지, 세상은 마음이 몸보다 더 중하다는 생각을 했다. 마음 즉 정신이 건강해야 육신을 잘 이끌고 간다는 생각을 했다. 무엇이든 너무 따지지 말고 손해 보는 듯 살면 몸의 병도 저절로 물러난다는 생각이 든다.

이만큼 산 우리들 나이에는 세상사 하나하나를 아름답게 매듭져 나가야 된다는 생각을 했다. 2009년 북촌 마을 너의 동네에서 우리 둘이 점심을 먹었었지. 일 년이 지났어도 너는 내가 사는 종암동에 오지 않으니 내가 밥을 살 수 없었다. 만나기를 거부하는 것 같아 여기에 무엇을 조금 넣었다. 먹고 싶은 것이 있거든 혼자서 사 먹어라. 앞으로 만나지 말고 방콕으로 여행 가라. 급박하고 살벌한 세상에서 무슨 우정인가? '어리석게시리' 라고 할지는 모르겠지만, 아무튼 그렇다.

그런데 이 아름다운 세상에 태어나 성한 몸으로 살았고, 사시사철 순환하며 신이 챙겨 주는 고마움이 얼마나 많은데. 그 고마움을 누리며 사는 것이 얼마나 큰 행복인데, 이런 좋은 세상을 '같은 값이면 다홍치마' 라고 즐겁게 살려고 하면 좋을 텐데. 마음 편히 먹고 우정을 나누며 살면 어떨까? 내가 다홍치마 입혀 줄게. 아무리 예뻤어도 고상했어도 많이 배웠어도 다 똑같아지는 인생인데….

도깨비 국

금 나와라 뚝딱, 은 나와라 뚝딱. 도깨비 방망이가 휘둘러졌다.

금덩어리, 은덩어리가 하늘에서 쏟아져 내려 부자가 되었다는 이야기는 가난에 쪼들리던 사람들에게 허풍으로라도 위안을 줬다. 돈벼락 맞으려고, 요즘말로 로또 복권을 사는 일이다. 돈만 생기면 먹을 것 입을 것 안 입고 복권을 사는 사람이 있다. 당첨 가능성을 어느 정도 확신해서일까. 공짜를 바라는 심리에서일까. 또 어떤 이들은 삶이 너무 단조롭고 심심해서 어느 기간 동안에 좋은 기대감을 기지려고 복권을 사는 사람도 있다. 당첨을 기대하며 하루하루를 보내는 삶이다.

사람마다 생긴 모양새가 다르듯 사는 모양새도 다르다. 세월이 흐르면 그 모양새도 또다시 달라진다. 달라진 삶에 맞추려고 사람들은 부지런히 따라가려고 애를 쓴다.

옹기박물관에 갔다. 어려서 엄마살림을 보는 듯했다. 여러 모양의 옹기들이 제 나름의 자랑을 하는 듯했다. 쌀 넣는 큰 항아리로부터 장독 고추장독 김장독 술독 뚝배기 막걸리잔 등의 투박함이 약삭스럽고 날카로운 현세대를 비웃듯 투박스레 버티고 있다.

발령 받은 초임지에서 하숙할 때 옆집에 사는 옹기부부 일이다. 부인은 일하는 남편을 위해 술을 자주 담갔다. 가끔 하숙집에 막걸리를 들고 놀러 와, 주인아줌마 할머니 셋이 어울려 된장과 풋고추 안주로 얘기꽃을 피웠다. 남편은 옹기를 만들면서 옹기 하나하나에다 '내 정성과 노고를 함께 섞어 만드니 깨지지 말고 오래 살라.' 는 말을 웅얼거리면서 사랑의 눈길까지 보내는 순박한 사람이라고 자랑했었다. 그래선지 그 집 옹기는 잘 깨지지 않아 많이 팔린다는 소문이 널리 퍼졌다. 마당에 옹기가 쌓이기 무섭게 팔려나갔다. 옹기에 돈을 묻어두고 산다는 말까지 들렸다.

여름방학이라 하숙방에서 뒹굴며 책을 읽고 있는데, 그 부인이 왔나 보다.

"형님 난 어떻게 해, 허구許久한날 가마 귀퉁이에 쭈그리고 앉아 돈도 안 되는 옹기만 만들고 있으니."

답답해 죽겠다며 가슴을 '탕탕' 치는 소리가 내 귀에도 들렸다. 부인의 푸념을 들은 아주머니는 "딱하네, 아이구 어떻게 해." 하는 소리가 이어졌다.

"아이, 공연스레 순한 양반을 못살게 굴면 못 쓰는 거여." 할머니도 거들었다.

개발지구 아파트하며 사람들의 주거 모양새가 달라지면서 옹기는 길에 버려졌다. 부인은 애교를 떨며 만들지 말라고 빌어도 막무가내라고 했다. 내다버린 옹기를 보는 부인의 마음, 또 마당 가득히 수북하게 쌓아 놓은 옹기들을 보니 가슴에서 불이 난다고 엉엉 울었다.

세월 따라 남편도 쇠잔해져 일을 계속하지 못했다. 일하다 쉬었다를 반복하다 어느 날 머리에 뿔 달린 장정이 방망이 하나를 주문했다. 남편은 방망이를 만들며 '무엇에 쓸까' 하고 궁금했지만, 약속한 대로 정성껏 만들어서 대문 옆에 놓고는 방망이 일은 잊은 채 살았다. 장정의 일이 '꿈속 일인지 아닌지, 긴가민가 했다.' 고 했다.

오늘도 굼뜬 손으로 옹기를 또 만들고 있는 남편을 본 부인은 사는 게 재미없어 지갑을 털어 복권을 샀다. 발표일을 기다리는 설렘으로라도 살아야겠다고.

어느 날 부인은 지에밥을 만들어 누룩을 섞어 옹기에다 술을 담갔다. 술이 다 익은 날 저녁, 구부정하게 들어오는 남편 앞에 술상을 놓고 마주 앉았다. 남편은 자신이 만든 탁배기잔을 흐뭇하게 바라보더니 부인에게도 술을 따라 권했다. "힘드는데 돈도 안 되는 옹기는 왜 만드느냐." 짜증을 섞어 말했다.

"또 잔소리, 세상을 돈으로 사나, 재미로 살아야지. 그 놈의 돈돈돈."

"내가 언제 돈만 좋다 했어, 나를 옹기 취급만도 안하니 그렇지."

혀 꼬부라진 소리가 주거니 받거니 오갔다.

"술 잘 만드는 우리 마누라 이리 와. 안아줄까." 이 말이 부인의 귀에는 '앙큼한 아내' 라는 말로 들렸다. 부인은 말없이 복권 산 것을 알아차리고 앙큼하다고 하는구나 싶어 술상을 엎어 버렸다. 남편은 마누라의 그 꼴을 그냥 넘기지 못하고 맨발로 뛰쳐나갔다. 대문 옆에 둔 몽둥이를 들고 집안 가득히 쌓아놓은 옹기를 부수기 시작했다. "이 놈의 세상, 내 마음을 알아줄 마누라라고 생각했는데…."

옹기 깨지는 소리와 "세상이 왜 이렇게 변하는 거여. 도깨비장난이야." 하는 소리가 밤의 정적을 깨트렸다. 남정네의 울부짖는 투박한 소리가 허공을 갈랐다. 나는 선잠에서 그 소리를 들었다.

다음 날 부인이 놀러와 깨진 옹기 잔해를 치우니 옹기가 잘 팔렸던 시절에 영감이 옹기 안에 묻어놓고 잊은 돈이 나와 횡재했다며 떠들었다. 잘된 술은 도깨비 국이고 몽둥이는 도깨비 방망일까.

아버지의 선택

해방 후 우리나라는 어수선했다. 안정과 풍요는 어디에도 없었다. 지금도 가끔 동대문 종합시장에나 가야 볼 수 있는 지게꾼 모습이 그때는 길거리마다 흔했다. 먹고 살기가 힘들었던 때다. 남녀 가릴 것 없이 아침에 눈만 뜨면 사람들은 '오늘은 무엇을 해서 돈을 벌까.' 하는 모습으로 벌건 눈을 달고 바쁘게 지나 다녔다. 누구나 살기가 팍팍했다. 다이어트란 말이 없었다. 남자나 여자들이 모두 날씬했다. 배 나온 사람은 한 명도 볼 수가 없었다.

그때 아버지는 지게에 여섯 명의 자녀와 어머니를 지고 사셨다. 지게의 짐에 짓눌리신 아버지를 보고 엄마가 지게에서 내려 아버지와 번갈아 지게를 지셨다. 두 분이 저녁이 되면 극도의 피로를 달고 오셨다. 그런 날이 계속되다 친척 아주머니를 따라다니며 장삿속을 익히셨다. 자식들 굶기지 않는 것에 목숨을 거셨던 것 같다.

저녁이면 메밀묵 찹쌀떡을 사서 둘러앉아 조금씩 먹으며 거스름을 안 받아가는 멍한 할머니 이야기, 물건 값을 안 주고 돈을 손에 쥐고는 줬다고 박박 우기는 아주머니 이야기, 먹고 사는 것에 정신이 팔려서 그렇다는 이야기, 어머니가 고단해 잠시 꾸벅 졸고 있는 사이 물건을 갖고 달아나는 잽싼 아이들을 잡지 않았다는 이야기를 하며 지냈으니 화목했다는 생각이 들었다. 부모의 수고로움에 육남매의 양 볼때기가 볼록해지기 시작할 때 교통사고로 어머니가 돌아가셨다. 초등학교 4학년 추위가 기승을 부리던 때였다. 손끝을 호호 불며 제사를 지냈다. 아버지는 혼자 되셨다. 혼자 사시는 아버지에 대해 아무 생각도 못했다.

그 이후로 작은 집으로 이사를 했다. 나는 중학교를 입학하고 몇 달을 다녔다. 라디오에서 인민군이 서울을 함락했다고 했다. 기차를 타고 서울의 학교에 갔다. 월요일이라 나 같은 학생들 여나무 명이 교실에 앉아있다. 잠시 후 방송에서 '교실에 있는 학생들, 라디오나 신문으로 연락할 것이니 집에서 기다리라.' 고 했다. 내게는 피 같은 등록금인데, 공부를 못하게 되다니. 또 어디서도 받을 수 없는 돈이 되다니 한숨이 절로 나왔다.

아버지는 매일 거나하게 취해 집에 오셨다. 얼마 지나지 않아 아니나 다를까, 막내가 설사를 하고, 바로 밑에 동생은 수두를 앓고, 오빠는 밖으로 나돌고, 나는 어떻게 할 줄 몰랐다. 해가 진 후 어둑해서 들어오신 아버지가 방에 누워있는 동생들과 울고 있는 나를 보고 천장을 한참 올려다보시더니 방바닥이 꺼질 듯이 한숨을 토하신다. 그 후에 언니들과 오빠는 공부를 중단하고 일터로 갔다. 지게에 남아있는 세 명이 더 큰 문제라며 저녁이면 얼굴을 이불에 묻으셨다. 나는 아버지의 속울음을 막기 위해 학교 성적을 보였다. "잘했다. 어렵지만 착하게 살자."며 머리를 쓰다듬으셨다. 지금 생각하니 어쩔 수 없는 삶이 된 것이다.

엎친 데 덮쳐 일사후퇴가 일어나 다시 피난을 갔다. 피난 간 사이 우리 집이 폭격을 당했다. 허망하게 타 버린 잿더미만 남은 집터 앞에서 망연자실 서 있을 때 지금은 형제가 된 동생 옥이가 우리 사정을 보고 자기 집에 빈방이 있으니 같이 살자고 했다. 아버지와 나 그리고 두 동생은 친구 옥이네 집에서 기거하게 되었다. 옥이는 '동생들과 학교에 다니고 있었고 옥이 엄마는 시골 외할머니댁에 다니러 갔다.' 고 했다. 내키지 않은 마음으로 아버지 모습을 살폈다. 당장 잠자리가 급하니 허락은 옥이 엄마가 오신 후에 받기로 하자며 께름칙한 이사를 했다. 보름쯤 지나 친구 엄마가 오셨다. 그날 아버지는 마루 끝에 서 계셨다. 들어오시는 친구 엄마의 눈과 마주친 아버지의 눈빛에서 나는 섬광을 보았다.

청강생으로 중학교에 다닐 때다. 아버지는 미군 부대에 다니면서 지게는 안 지셨다. 며칠 후, 학교에서 돌아오니 친구 엄마가 화가 난 음성으로 내게 퍼붓는다.

"그 화상으로, 누구를 감히 넘봐 넘보기를. 당장 방을 비워. 네가 주선했으니 책임지고 나가." 삿대질이 내 코끝을 찔렀다. 곱상한 모습이 야차 같아 보였다. 친구 엄마도 홀로된 지 2년이다. 이웃들이 중매를 섰었나 보다. 거절인 것이다. 그 시대나 지금이나 돈이 우선이었나 보다. 나는 오기가 생겨 "우리 아빠가 어때서, 인물 훤하시고 삼강오륜도 아시고 좋은 분인데." 나는 속이 상해서 꺼이꺼이 울다 잠이 들었다.

그날 밤 설핏 든 잠결에 방문 소리를 들은 듯했다. 아침에 일어나니 윗목에서 곤히 주무신다. 나는 아침 밥상을 차려 놓고 집을 나와 학교로 향했다. '어디로 이사를 해야 하나, 아빠가 알아서 하겠지.' 하면서도 어제 일이 지워지지 않아 거리를 기웃거리다가 어둑해서 집에 왔다. 친구 엄마가 "지금 오니, 왜 늦었니."하며 살살 웃는다. 어떻게 된 일일까. 어이가 없었다. 어쩌면 저렇게 달라진단 말인가. 건성으로 대답했지만 답답했다. 아버지는 술 취해 오셔서 "내가 너의 동생들 때문에 일을 저질렀다."며 끝내 눈물을 보이셨다. "그냥 살려고 했는데."하시며 내 눈을 바로 못 보고 자리에 드셨다. 아버지는 새엄마 자식이 셋이라 무거워진 지게의 짐을 걱정했다. 우리 집의 살림살이는 찌그덕거리며 세월 따라 흘러갔다.

몇 년이 흐른 뒤 나는 아이들을 데리고 오랜만에 친정에 갔다. 내 마음 한쪽에 늘 자리 잡고 있던 착하고 고지식한 아버지의 일생이 눈앞에 펼쳐진다. 기운이 쇠잔해 침실에 누워 계셨다. 고달팠던 생의 흔적이 얼굴 위로 흘렀다. 가슴이 짠했다. 그래도 외로워 보이지 않아 새엄마께 감사했다. 그렇지 않았으면 고독을 달고 사셔야 했으니까.

다른 형제들이 온 후에 맛있는 점심을 먹었다. 설거지를 끝내고 손을 닦는데 새엄마가 나를 보고 말했다. "네가 효녀다. 글쎄 옛날에 너의 아빠가 가위를 펴서 검은 목도리로 둘둘 말아 권총모양을 만들고는 내게 협박을 했다."고 웃으신다. 나는 또 머리가 핑그르르 돌았다. 그 소리가 싫었다. 아버지 흉을 보다니 하다가 아버지를 외롭지 않게 한 새엄마가 고마워, 그 말을 늦게 알아들은 척하고 웃으면서 '어머머' 소리만 냈다. 외로움이 무거운 짐보다 견디기 힘드셨나보다. 우리 아버지는 딸이 여덟 명이나 된다.

흐르는 종점은

아무런 생각 없이 그냥저냥 살아온 나에게 혼백魂魄의 존재를 일깨워 주는 일이 생겼다. 다행이란 생각과 서글픔이 들어왔다 나갔다 한다. 무엇 하나 내세울 것도 없이 세월이 흐르는 대로 이렇게 굴러 오다 보니 여기까지 살아온 것에 부끄러운 마음이 든다. 어디로 가고 있는지, 언제까지 가는지….

올해 한 친구가 모임에 나오지 않아 곁에 앉은 친구에게 물었다. 말을 못하고 눈물부터 흘린다. 뻔히 다 아는 사실을 나 혼자만 안 것처럼 머리에 번갯불이 스쳤다.

사람에게 생사生死가 있는 것을 내겐 사死가 없는 줄 알고 살았다. 매해 제사를 습관으로 그냥 올렸지, 조상의 넋을 머리에 두지 않고 그냥저냥 지냈다. 이승의 공간에서 보이지 않는 저승의 공간으로 떠난 주변 분들과 친구로 인해 나도 저 공간으로 떠날 채비를 해야 하는 건가 잠시 마음이 움찔한다. 길 떠나는 것이 두렵고 슬프다는 상념부터 버려야겠고, 언제, 어디로, 어떻게 가는지 가다듬는다.

어제 저녁 거나하게 취해서 들어온 남편이 평화 상조회에 들어야겠다며 가입신청서를 보인다. 성명, 주소, 금액을 기입한 후 말없이 자기 방으로 가버린다. 항상 우리 집안에 흐르는 공기는 서로 입장이 다르다는 것으로 표리가 공존해 있었는데 오늘 저녁 공기는 뫼비우스의 띠처럼 표리 없이 이어졌다.

부부간이 동등한 입장이면서도 막상 살다보면 아는 것도 모르는 척, 모르는 것도 아는 척, 수시로 변하는 기분 따라 '흥흥' 해주어야 되는 일, 눈을 감아주는 일 등 속상한 일이 비일비재하다. 또 젊어서 사사건건 내 의견엔 반대만 하던 사람이 흐르는 세월 따라 변해 고개를 주억거릴 때가 많아진다. 불면증으로 까칠하게 다니더니 이제는 젊음이 산화되었음을 인정하는 것 같다. 한참 '세월에 장사 없다.' 는 속담에 거부 반응을 일으키더니….

아마 속으로는 그런 사실을 인정하면서도 내게 굽히기 싫은 자존심으로 큰 기침을 해대며 살고 있다. 이기려고 하는 승부욕은 운동경기에서 발휘해야지, 아낙하고 살면서는 '좀 그렇다' 는 생각을 하며 살았다. 모두 다 흘러간 세월이다.

여름날이다. 시골에서 학교 다닐 때 집에 오는 길이었다. 무더운 날씨 탓에 냇가에서 놀다 가자고 떼를 썼다. 책 보따리는 한쪽 어깨에 둘러메고 물에 발을 담그니 시원했다. 물발이 발목을 간질였다. 간질이는 쾌감이 싫지 않아 까르르 웃음이 나왔다.

"너도 간지럽냐?"고 물으니 고개를 끄덕이며 싱긋이 웃는 상이 싫지 않아 여태껏 같이 살고 있다.

"야, 우리 오늘 물을 못 내려가게 막아보자." 큰 돌을 주워서 둑을 쌓았다. 다 막았다 싶으면 다시 터져 다시 막고 하다가, 해가 기울어 그냥 집에 왔다. 어머니께 오늘 일을 말했었다.

"어떻게 흐르는 물을 막니, 둑을 다 만들어 물이 찼어도 다시 넘쳐흘러 간단다. 세월도 물과 같아 묶어 놓을 수가 없어." 그렇게 말하던 어머니도 세월과 같이 흘러갔다.

물은 낮은 곳으로 흐르고 흘러서 종극에는 땅속으로도 흐르다 바다로 모인다. 바다에서 만난 물은 하늘의 조화로 수증기로 변해 구름이 되어 둥둥 떠서 돌다가 다시 비가 되어 땅 위의 물로 탄생한다.

나에게 부여된 세월은 흘러서 어디로 갈까.

세월 따라가다 보면 알까.

목동이 양떼를 몰고 가듯 세월이 나에게 죽음으로 같이 가자고 할 거다. 흐르는 물을 역류하는 연어도 종극에는 알을 낳고 죽듯이, 역류하든 흘러가든 죽으면 혼은 어떻게 될까. 아무도 모른다. 죽었다 다시 살아난 사람들이 하는 말과 전해 내려오는 전설에 의하면 몸에서 빠진 혼이 자기 몸을 바라보며 빙빙 돌다가 청청한 하늘로 올리기고 혼이 빠진 육체는 이승의 자손들이 땅속에 묻거나 화장해서 수목장을 한다. 그러니 사람의 종착역도 물과 같다.

하늘로 비상한 혼은 49제를 지난 후 저 넓은 창공에서 자유롭게 유유자적하다가 이승에서 살 때 '선한 덕을 쌓았던 혼은 좋은 인연을 만나 환생된다.' 고 한다. 그래야 전생에서 신산하고 고달팠던 삶을 살았으면서도 남을 위해 덕을 쌓고 살았던 생의 보상이 되고, 전생에서 겪던 고달픔이 싫어 이승에 다시 태어남을 꺼려 할 성싶으나 짐승으로 태어나지 않고 사람으로 환생함이 '축복' 이라 여긴단다.

세상은 누구나 다 그 사람 나름대로의 고생과 낙을 섞어서 만난다. 미와 추는 자신이 선택해서 따르고, 선으로만 이어지는 세상은 지루해서 사는 맛이 없다고 할 것이다. 또 악만 있다면 사람이 살 수가 없을 것이고. 이러한 사실을 알고 나면 묘하게도 세상을 아름답게 느끼고 아름답게 보는 눈이 된단다. 그 아름다움이 눈으로 보는 것이 아니라 마음으로 보게 되니 그것을 놓기 싫고 갖고 싶어 내 손으로 그려보고 싶은 것이다. 그래서 민화를 한다고 말할 수 있다. 그렇지만 이것도 영원할 수가 없다. 한계가 있다.

흐르고 있다는 것은 물이든, 세월이든, 우리 몸속에 핏줄이든, 기氣든 썩지 않고 살아 있다는 의미를 갖고 있다. 물이 흐르다 고이면

썩어 생명을 잃듯이 내 속에 흐르는 것이 멈추면 끝나는 것이다.

흘러가는 세월에 걸쳐진 나의 인생도 이만하면 족한 편이다. 깊게 느낀 아름다움을 영혼은 즐거워하며 하늘로 갖고 갈까. 기분 좋게 살다가 땅속으로 갈 것이다.

그윽한 일상, 수필로 끌어안기

– 한조자 수필집 『창공에 그리다』

박희선 수필가

1. 수필의 광맥을 찾아

작품이 좋으면 작품만 읽고 사람이 좋으면 사람만 만나라는 말이 있다. 작품이 좋으면 그만이지 사람까지 작품 잣대를 들고 재어보지 말란 뜻이다. 결국 사람이 좋으면 작품도 좋다는 말에 반기를 든 것이고, 작가의 성품도 좋고 작품도 좋은 사람이 귀한 시대에 살고 있다는 뜻이기도 하다. 시나 소설도 그렇지만 '나'로 시작되는 수필에서는 더 그러하다.

수필가 한조자의 글에는 사람 사는 이치가 고스란히 들어앉아 있다. 그는 오랫동안 살았던 서울 생활을 접고 부산에 깃을 편 지 두 해째다. 수필과 비평으로 등단한 지도 십여 년이 지났지만 이제야 겨우 첫 수필집을 선보인다. 백 개의 문장을 읽고 한 줄의 글을 쓰는 작가다. 한조자의 수필을 읽으면서 등단한 지 오래되었다고, 수필집을 많이 냈다고 드러낼 일은 결코 아니라는 것을 새삼 느낀다.

한조자는 부정보다 긍정에 파묻혀 아름다운 노년을 잘 가꾸어 나간다. 말하기 보다 듣기가 일 순위다. 티격태격 보다 이해와 배려로 다진 삶만큼 그의 수필은 담백하다. 사람도 수필도 담백하다면 성공한 삶이 아닐까.

한조자의 수필 광맥은 곳곳에 널려 있다. 「어김없이 오는 봄 어떻게 맞을까」에서는 여태껏 눈에 보였으나 스쳤던 일들이 어느 날 광맥으로 비친다. 그래서 맥을 잡고 사색에 잠기기도 한다.

누구에게나 봄은 온다. 그러나 우리가 맞이하는 봄과 그의 봄은 다르다. 창문을 두드리는 봄 햇살에 한눈을 팔다보면 무수한 생명들이 추위라는 무게에 짓눌려 산다는 것을 알게 된다. 작은 미생물일수록 계절에 더 민감해 나보다 먼저 봄을 알아차려 움직이는 맥을 찾는다. 종의 본능을 지켜 살아보자고 몸부림치는 것도 젊은 날에 보이지 않던 봄이 안겨준 선물이다. 긴 연줄에 달린 자녀 셋을 보내고 난 다음에야 '진정한 나의 봄'을 찾는데 성공한다. 덜컹거리는 몸을 챙기기 위해 재래시장으로 발걸음을 옮긴다. 때로는 초저녁 서쪽하늘에 날렵한 초승달을 반기며 내가 무엇을 좋아하는지 알아보는 마음의 여유를 찾아낸다. 세상과 맞서기보다 더불어 사는 데 최선을 다하는 삶은 한없이 아름답다.

'나'란 생명은 만물이 반기는 이 봄을 어떻게 맞이할까. 지난날 수십 번의 봄을 맞이하면서 꽃을 보고 '봄이다'를 외치다가 말았다. 등이 조금 굽으려 할 때 자녀들을 긴 연줄에 세 명이나 떠나보내고 난 후에야 진정한 내 봄을 찾았다.

이른 봄, 땅속 생명들이 무거움을 뚫고 나오려고 애를 쓰듯이 내 건강 찾으려고 애를 써야겠지만, 봄빛을 알아차리듯 모르고 태어난 생 너머에 사그라드는 생도 알아차려야 되나 보다.

–「어김없이 오는 봄 어떻게 맞을까」 중에서

수필가 한조자의 또 다른 광맥은 더딘 '마음'에 있다. 그동안 사느라 마음이 있는지 없는지조차 모르고 지냈지만 이젠 두 손으로 소중히 감싸 안는다. 형체는 없으나 어딘가에 꼭 존재하는 마음을 들여다본다. 손에도 다리에도, 입과 가슴에도 있을 것이라고 추측한다. 그는 머릿속에 있다면 차가운 이성이 요리조리 분석하고 따져서 정 없는 세상을 만드는 것을 우려한다. 정에 끌려 출렁거리기도 하겠지만 마음은 가슴속에 있어야 제격이라는 답을 자신 있게 끌어낸다.

요즘 들어 나는 유별나게 '마음' 이란 말이 애틋하게 들린다. 세월의 바퀴를 너무 오래 탄 탓일까. 두 손으로 소중히 감싸고 싶고, 다칠세라 조심하고 살살 보살피려고 한다. 형체는 없지만 사람 몸 어딘가에 분명히 존재한다. 그 마음은 어디에 머물까. '머릿속 아니면 가슴속' 일까.

나는 마음이 '가슴에 있다.' 고 할 거다. 머릿속에 있다면, 차가운 이성이 요리조리 분석하고 따져서 정情없는 삭막한 세상을 만들 것이니 싫고 손과 발과 입은 마음이 시켜서 행동을 하니 가슴속에 있는 것이 최적이다.

어느 날, 직장에서 첫 부임한 남자를 본 순간 몸에서 무엇이 빠져나가는 것 같은 느낌, 아니 무엇이 옮겨가는 듯했다. 분명 내 의지가 아닌 내가 어떤 힘에 의해 끌려갔다. 멍청했다. 그리고 가슴이 뭉클하며 '으음' 소리가 내 귀에 들렸었다. 지금 생각하니 내 가슴에 있는 마음이 움직였던 것이다.

– 「너무 더딘 마음」 중에서

마음은 '으음' 소리를 내더니 교사로 첫 부임한 남자에게 옮겨갔다. 부유한 자제의 청혼도 물리치고 그 마음에 참을 '인忍' 글자를 담아 결혼을 했다. 그러나 그 길은 험난하다. 마음을 인忍자로 너무 누르고 살아 학대를 했다는 기분까지 들어 앞으로의 남은 세월은 미치광이 짓을 해도 마음이 하자는 쪽으로 방향을 정한다.

세 번째의 광맥은 동물원에서 만난 '공작새의 날개' 다. 몰려든 구경꾼은 공작새가 꽁지깃을 세우고 걸을 때는 무심하더니 활짝 편 모습에 환호성을 터뜨렸다. 수필가 한조자는 '바로 저것이다.' 가슴 밑바닥에서 요동치는 무엇, 내 속에 웅크린 기를 활짝 펴야겠다는 열정이 솟아오른다. 기가 죽은 성격 탓으로 대학생활도 등 굽은 청춘이었는데 인생 후반부에서 비로소 활기의 큰 맥을 발견한 것이다.

> 어느 스님이 죽음을 환화幻化라고 했다. 필연으로 다가오는 환상의 꽃인 죽음 앞에 누구나 다 다섯 손가락을 쭉 편 채 간다. 그 환화에서 무엇이 중요한가. 명예, 재산, 부귀와 영화, 모두 소용이 없는 줄 알지만 살고 있는 세상에서 즐겁게 살아야 하는 명제를 알려고 글을 쓴다면 어떨까.
>
> 불붙는 글쓰기로 일상을 잊었다. 역부족인 실력이지만 공작의 날개처럼 활짝 펴 보고 싶다. 인정받는 것이 허황된 일인 것 같지만 나에겐 이 세상 태어났음의 보람으로 여길 것이다. 부질없는 생각일 수도 있지만 그냥 이렇게, 저렇게, 그렇게 산 사람들 앞에 너그럽게 살다 가는 인생이 되려고 쓰는 것인지도 모른다.
>
> －「공작의 날개처럼」 중에서

2. 외로움, 몸짓으로 엮어내는 수필

한조자의 또 다른 수필에 나타난 서사는 짐의 무게가 주는 외로움을 '몸짓으로 달래기'로 엿볼 수 있다. 달래는 것으로 모자라면 오히려 탈출을 시도해 고뇌하는 삶을 성공으로 이끈다. 그는 「아버지의 선택」에서 여섯 명의 자녀와 어머니를 지고 비탈길을 오르는 아버지의 모습을 형상화하여 주제를 끌어왔다.

> ① 아버지는 매일 거나하게 취해 집에 오셨다. 얼마 지나지 않아 아니나 다를까, 막내가 설사를 하고, 바로 밑에 동생은 수두를 앓고, 오빠는 밖으로 나돌고, 나는 어떻게 할 줄 몰랐다.
>
> ② 언니들과 오빠는 공부를 중단하고 일터로 갔다. 지게에 남아있는 세 명이 더 큰 문제라며 저녁이면 얼굴을 이불에 묻으셨다. 나는 아버지의 속울음을 막기 위해 학교 성적을 보였나. "잘했다. 어렵지만 착하게 살자."며 머리를 쓰다듬으셨다.

그때나 지금이나 아버지에게 자식은 삶의 근원이다. 아버지의 지게는 무거운 짐을 지고 피난 시절을 버티며 자식들을 올곧게 키워냈다. 작가는 또래보다 일찍 철이 들어 아버지의 외로움을 읽어내며 독자로 하여금 공감을 불러낸다. 한숨을 토하시는 아버지 곁에서 속울음을 울며 외로움을 덜게 하는 방법은 공부라도 잘하는 일이었다. 어느덧 자라 대학을 가고 교사가 되어 친정을 찾는다.

> ③ 내 마음 한쪽에 늘 자리 잡고 있던 착하고 고지식한 아버지의 일생이 눈앞에 펼쳐진다. 기운이 쇠잔해 침실에 누워 계셨다. 고달팠던 생의 흔적이 얼굴 위로 흘렀다. 가슴이 짠했다.
>
> ④ 아버지 흉을 보다니 하다가 아버지를 외롭지 않게 한 새엄마가 고마워, 그 말을 늦게 알아들은 척하고 웃으면서 '어머머' 소리만 냈다. 외로움이 무거운 짐보다 견디기 힘드셨나보다. 우리 아버지는 딸이 여덟 명이나 된다.
>
> – ①②③④ 「아버지의 선택」 중에서

나이를 먹는다는 것은 결코 서글픈 일만은 아니다. 재혼을 하게 된 아버지를 이해하게 되고 짐보다 더 무거운 외로움에서 벗어나게 한 새어머니의 고마움을 알게 된다. 딸이 여덟 명이나 되는 아버지의 삶을 구체화 시킨 능력도 탁월하다.

수필가 한조자의 외로움은 수필 「혼자의 그림자」와 「뒤에서 부는 바람」에도 숨어 있다. 혼자의 그림자에서, 사람은 본래 외로운 존재라는 말을 읽고 '나는' 하고 의문을 던진다. 답은 '외롭기 한량없다.' 인데 하이네의 시를 인용해 나만 외로운 것이 아니라 쓸쓸히 서 있는 소나무도 슬퍼하고 있음을 강조한다.

> ① 달이 아주 높이 떠서 나를 보고 있다. '달은 왜 혼자일까.' 또, 참 교교皎皎하다는 느낌에 그 달속으로 빨려 들어가는 기분이었다. 교교하고 '혼자' 라는 달의 느낌이 좋아 하이네의 시가 가슴으로 들어왔는지 모르겠다.

위의 인용문처럼 그는 인간은 원래 홀로 외로운 존재라는 것을 깨닫고 먼 길 가까운 길 마다않고 나서보기도 한다. 외로움은 소나무가 많은 울진 불영사에서도, 굴러가는 울타리 속에서도 겹쳐 있다. 그러나 하이네의 시에서 절벽에 서 있는 소나무도 바람이 불면 멋있게 춤을 추어 쓸쓸하지도, 불쌍하지도 않을 것으로 마무리하여 담담한 감동을 준다. 아름다운 외로움의 재발견이다.

> ② 수면 위로 비춰지는 돌부처의 모습이 아련하고 쓸쓸해 보였다. 아홉 마리의 용들이 서로 엉겨서 놀던 공간을 애석하게 여기는 듯했다. 나는 연못 앞에 버티고 서서 바람결에 둥글게 흔들리는 물이랑에 비친 돌부처의 모습을 망연히 보았다. 그 물이랑 속에 나도 도는 듯했다.

③ 그 날도 달빛이 유난히 밝았는데 창밖에 소나무 가지가 너울너울 춤을 추었다. 달빛 없는 밤이었으면 춤을 추는 소나무를 못 보았을 것이다. 하이네의 시에서 절벽에 서 있는 소나무도 바람이 불면 멋있게 춤을 추어 쓸쓸하지도, 불쌍하지도 않을 것이다.

④ 아무리 소나무와 바람이 깊은 인연이라도 바람은 계속해서 불지 않으니까. 세상사 무상無常함을 알았다. 고물고물 했으니까 외로움이 찾아오나 보다.

– ①②③④ 「혼자의 그림자」 중에서

혼자의 그림자가 외로움의 재발견이라면 「뒤에서 부는 바람」은 '허전함' 에서 오는 깊은 사유이다. 계절은 어디를 가려고 서두르는지, 결연한 자세로 미적거리지도 않으면서 수필가 한조자의 수필에 성찰을 남긴다. 작품 속으로 들어가 보자.

① 가던 길을 향해 돌아섰다. 또 다시 떠민다. 11월의 거리를 휩쓰는 짱짱한 바람이다. 이깟 바람에 떠밀리다니, 내가 '헛것' 이 되었다는 말인가. 그윽한 국화향이 진동하는 가을인데, 또 식어진 열정을 살살 얼려보고 싶은데, 밉살맞게 재촉해서 또 서운했다. 서툴고 치기 많던 젊음의 잔상을 돌아보며 정리하라고. 또 거침없이 다가오는 시간을 더 사유해 보라고.

수필가 한조자의 살아온 날을 돌아보면 굴곡도 많았다. 그는 치열하게 건너온 삶 앞에서 절대고독과 마주하며 묵묵히 세상을 살아낸다. 함축된 문장 속으로 파고들어 서운함도 녹여낸다. 그래도 풀리지 않는 무엇이 자라고 있다. 이루어 놓은 것 없어 '속마저 비어 가볍다.' 고 허탈해 한다. 나만의 세계를 갈망하며 자아를 확인하는 횟수가 잦다. 허탈하다고 투덜대지만 남아 있는 '공허감' 은 어쩌면 살아있는 '흔적' 이기도 하다. 기쁨이 차면 넘쳐 슬픔으로, 슬픔이 극에 달하면 기쁨으로 스며들어 서서히 평정을 이루는 것이 세상의 이치다. 글 행간마다 그의 의식은 여전히 깨어있다.

② 작년 이맘때도 그랬다. 그 바람이 지나가면 나는 언제나 허공을 더듬는다. 자연의 향연을 본 것으로 만족할 줄 모르고 '허전하다' 고 했다.

③ 올해도 마찬가지다. 무얼 놓쳤다고 허둥대는 희한이 또 생긴다. 내 모양대로 산 것이 내 운명임을 알아차렸을 때 누가 내 등을 떠다민다. 돌아보니 아무도 없다. 바람인가 했을 때 단풍 든 낙엽이 허공에 흔적 없는 파문을 그리다 떨어지며 발밑에서 뒹군다.

④ 가로 뛰고 세로 뛰고 앞과 뒤로 폴짝거렸으니 뭣하나 제대로 건

진 것이 없다. 마음속에 헛것만 가득 찼고 텅텅 비었다. 속이 비어서 가벼우니 뒤에서 부는 바람에 떠밀려 제대로 한 것이 하나도 없다.

– ①②③④ 「뒤에서 부는 바람」 중에서

3. 현재, 이만큼에서 지난날과 화해하기

수필은 사건에 대한 사유를 놓을 자리에 제대로 놓는 것이다. 수필쓰기는 엉뚱하지도 비범하지도 않은 내 삶을 통해 수필의 속살에 다가가기 위한 몸부림이기도 하다.

수필가 한조자는 수필 「누가 있을까」 중에서 '세상이 왜 이런가, 궁금한 것이 너무도 많았다.' 고 서술한다. "이 세상이 어디 맴 먹은 대로 되 간디. 팔자가 있는 뱁이여." 하는 '팔자' 에 반쯤은 긍정을 하다가 '그래도 해보는 데까지는 해 보겠다.' 는 의지가 강한 작가이다.

스스로 던진 질문에서 고집이 세다고 인정한다. 교사로 재직하면서도 더 나은 나를 찾아 험한 길로 들어선다. 주변의 만류도 따돌린다. 고생은 했으나 '그래도 괜찮다.' 에 손을 든다. 하지만 혼자만의 고집을 위해 지금껏 살았으니 여생은 타인의 고집을 이해하고 응원해 주는 것과 '화해' 를 시도한다. 그래서인지 그를 대하면 늘 편안하다.

공부를 시작했다. 동창들보다 잘나보이겠다는 심사도 아니다. 이때도 내 곁엔 아이들만 있지 내 길을 열어주는 이도 없이 혼자 찾아나서야 했다. 주먹구구식인 내 앞날의 설계는 단기간에 모은 돈과 어줍지 않은 뱃심이 전부였다. 발판이 단단하지 못한 것은 뻔했다. 고생문이 환하게 열린 셈이다.

이렇게 저렇게 틀을 바꿔가며 산 삶을 나이 들어 생각하니 남이 보기엔 볼품이 없고 하찮아보여도 '그래도 괜찮다.' 는 생각이 든다. 내가 선택한 삶이라서.

남은 생生도 내가 좋아하는 것을 하고 싶은데 발목을 잡는 것이 있다. '은혜를 갚는다.' 란 말이다. 이 말은 내가 여러 사람들이 만든 거미줄처럼 인연이 맺어진 세상의 틀에서 알게 모르게 많은 도움을 받고 살았다는 것을 느끼는 순간, 내 귀에 울린 깨달음이었다.

–「누가 있을까」 중에서

사는 것은 무엇으로도 설명할 수가 없다. 순항인가 싶어 미소를 머금다보면 어느새 역풍이 삶을 훑고 지나간다. 그래서 삶을 운명처럼 껴안을 수밖에 없다. 한조자의 '화해' 와 '더불어 걷기' 는 친구와 함께 했던 지난날과 오늘에 서있는「다홍치마」에서도 잘 보여준다.

① 너는 다른 학교로 전학해 영문과를 졸업하고 나는 사범을 나와 교사가 되었지. 가끔 통근 열차에서 만나면 왜 그리 반갑고 좋았는지.

불꽃같은 생의 한 자락이 수그러질 때쯤 어깨를 나란히 하고 지내던 친구를 동창회에서 만난다. 그들의 삶은 음풍농월하며 지낸 삶이 아니라 고뇌에 찬 역사였다. '말 탄 총각 의사가 나타나 고혹적인 너를 말 등에 태우고 달아나 우정의 끈이 보이지 않았다.' 며 늘 그리워한 친구에게서 돌아온 답은 '귀찮다, 시답지 않게 쓸데없이 전화냐.' 로 흘겨본다. 야속한 마음이 친구를 놓아주지 않는다.

② 그런데 이 아름다운 세상에 태어나 성한 몸으로 살았고, 사시사철 순환하며 신이 챙겨 주는 고마움이 얼마나 많은데. 그 고마움을 누리며 사는 것이 얼마나 큰 행복인데, 이런 좋은 세상을 '같은 값이면 다홍치마' 라고 즐겁게 살려고 하면 좋을 텐데. 마음 편히 먹고 우정을 나누며 살면 어떨까? 내가 다홍치마 입혀 줄게. 아무리 예뻤어도 고상했어도 많이 배웠어도 다 똑같아지는 인생인데….

– ①② 「다홍치마」 중에서

우정도 갈고 닦아야 빛이 난다. 빛바랜 서사에 의미를 부여했지만 일방통행은 없다. 친구의 일그러진 표정을 평범한 일상과 접목

하여 자칫 봉쇄될 수 있는 위기를 슬기롭게 넘긴다. 이만큼 살아보니 젊은 날, 아무리 예뻤어도, 고상했어도, 많이 배웠어도 다 똑같아지는 인생임을 터득한다. 그래도 아직 살아있기 때문에 '다홍치마' 입혀주려는 희망의 끈을 놓지 않고 있다. 그의 근황은 여전히 희망에 차있다.

한조자의 화해는「힘」에서도 드러난다. 삶은 수시로 '왜 사느냐.' 묻고 그는 '수필'로 천천히 대답한다.

'우주의 만물은 묘하게도 힘을 다 갖고 있다. 그 힘을 서로 주고받으면서 살아가고 있다. 그 힘은 생명처럼 유한하다.' 생명처럼 유한한 힘으로 글문을 열어 왕성했던 힘은 소멸로, '금수저'나 '개화십일홍'의 이치에서는 작가 자신의 생각과 혼융하여 짧은 수필 한 편을 건진다.

「힘」의 얼개를 보면, 어떤 농부가 꿀을 얻으려고 벌통을 갖다 둠 – 과일주 먹은 코끼리가 술에 취해 벌통을 발로 툭툭 침–성난 벌이 코끼리 콧등을 쏘아버림–육중한 몸이 벌의 붕붕 소리만 들어도 멀리 도망감–코끼리와 벌, 금수저와 흙수저로 대비한 서사가 촘촘히 짜여있다. 극과 극이거나 생과 소멸도 은연중에 화해를 부른다.

무더운 하지 때, 땅속 깊이 음陰이 싹트고 추운 동지 때 양陽이 움트듯이, 얄망궂게도 한 쪽 기운이 오래가지 않도록 천적을 따라 붙게 하거나, 성했던 힘이 서서히 소멸로 끝나게 가닥을 잡는다.

> 힘이 센 코끼리가 몸집이 작은 벌에게 꼼짝 못하다니 웃음이 나온다. 벌에 쏘인 코끼리는 통증을 많이 느낀다고. 아무리 힘이 세도 아프면 항복을 하나 보다.
>
> 역사를 보면 막강한 독재정치도 십 년을 넘기지 못하고, 금수저 흙수저의 돈 자랑도 삼대를 잇지 못하고, 개화 십일홍의 예쁜 자랑도 그런 거라 여긴다. 어떻게 그리 묘하게 세상이 만들어지는지 새록새록 얄궂게 느낀다.
>
> -「힘」 중에서

수필문학은 끈끈한 정의 문학이다. 삶의 본성과 관계 맺기이다. 새삼스러울 것도 없지만, 한조자의 수필을 읽고 있으면 그 말에 대한 답이 곳곳에서 머리를 든다. 세상은 어찌 그리도 묘하게 돌아가는지, 새록새록 얄궂게 느껴지는 세상에서 두터운 정도 기꺼이 나누고 산다.

현실은 두 사람의 뜻도 맞추어 살아가기 어려운 세상이다. 그래서 혼밥과 혼술이 늘어난다. 오로지 혼자 먹고 혼자 마시고 혼자 노는 일에 몰두한다. 서정에 귀를 기울일 틈이 없다. 그 가운데 수필의 맥을 찾고 팍팍한 일상과 화해하며 정을 다독이는 작가는 더없이 아름답다.

좋은 수필은 어떤 수필일까. 한 마디로 말하기 어렵지만, 어쩌면 허사나 먼지마저도 탈탈 털어낸 문장의 집합체가 아닐까. 그렇게 본다면 한조자의 수필은 넓은 길보다 좁은 길에서 깊이 있게 들어섰다. 흔하게 널린 일상을 간추리고 또 간추려 핵심만 불러내어 수필문학에 옷을 입힌다. 수필집 『창공에 그리다』에 나타난 그윽한 일상에 큰 박수를 보낸다.

창공에 그리다

인쇄일 2017년 3월 24일
발행일 2017년 3월 30일

지은이 한조자
교 정 김미정
펴낸이 박철수
펴낸곳 도서출판 해암

등록번호 제325-2001-000007호
주소 부산시 중구 백산길 17 삼성빌딩 702호
전화 051)254-2260, 2261
팩스 051)246-1895
메일 haeambook@daum.net

ISBN 978-89-6649-116-2 03810

값 13,000원

*이 도서의 국립중앙도서관 출판예정도서목록(CIP)은 서지정보유통지원시스템 홈페이지 (http://seoji.nl.go.kr)와 국가자료공동목록시스템(http://www.nl.go.kr/kolisnet)에서 이용하실 수 있습니다. (CIP제어번호 : CIP2017007430)